Sesiwn yng Nghymru

Cyflwynedig i Heledd a Mirain

Sesiwn yng Nghymru

Cymry, Cwrw a Chân

Huw Dylan Owen

www.sesiwn.cymru

Argraffiad cyntaf: 2015

Dymuna'r cyhoeddwyr gydnabod cymorth ariannol
Cyngor Llyfrau Cymru

Gwaith yr awdur yw'r holl gerddi a geir yn y gyfrol oni nodir yn wahanol
Tynnwyd holl luniau'r gyfrol gan Chris Reynolds oni nodir yn wahanol

Lluniau'r clawr: Chris Reynolds
Cynllun y clawr: Arwel Micah

Rhif Llyfr Rhyngwladol: 978 1 78461 125 5

Cyhoeddwyd, rhwymwyd ac argraffwyd yng Nghymru gan
Y Lolfa Cyf., Talybont, Ceredigion SY24 5HE
gwefan www.ylolfa.com
e-bost ylolfa@ylolfa.com
ffôn 01970 832 304
ffacs 832 782

Cynnwys

Diolchiadau

i Sian Meinir am osod yr alawon
yn ddotiau ar frig pob pennod

i Arwel Micah am ddylunio'r clawr

i Chris Reynolds am luniau'r gyfrol

i Catrin Rowlands a Tecwyn Owen am roi trefn ar
iaith y gyfrol hon ac am awgrymiadau gwerthfawr.
Y camgymeriadau a erys, myfi a'u piau

i Wasanaeth Archifau Gwynedd am
ganiatâd i ddefnyddio'r llun o Owen Tudor

i wasg y Lolfa am eu cefnogaeth a'u gwaith

i wŷr a gwragedd y sesiynau gwerin lu ar hyd y blynyddoedd
am eu hasbri a'u brwdfrydedd heintus

i Mirain, Heledd a Bethan am rinwedd eu hamynedd

Huw Dylan Owen
Mehefin 2015

Cymro o Ble?

Noson arall o gerddoriaeth gyda'r cwrw'n llifo a'r alawon yn hedfan. Cwrw Burtonwood sy'n cynhesu'r galon, gydag ambell lymaid o stowt yn gwneud y tro'n achlysurol. Rhyw lymeitian rhwng alawon yw'r arfer, a diawlio'r ambell un sy'n benderfynol o symud yn syth o un alaw i'r llall heb roi cyfle i'r hogiau wlychu pig na chael eu gwynt atynt. Ond wrth i'r oriau wibio heibio ac i'r bysedd arafu mae'n hawdd gweld na fu diffyg cyfleon i yfed mewn gwirionedd gan fod effeithiau'r cwrw yn amharu ar y chwarae ac ambell rediad o nodau yn troi'n llithriadau dioglyd.

Gyda phawb yn eistedd o amgylch y bwrdd daw'r frawdoliaeth yfed a chanu yn debycach i dîm chwaraeon sy'n gwylio pob symudiad ac yn ceisio rhag-weld ac achub y blaen wrth i'r alawon newid o un i'r llall. Dim ond yr amnaid leiaf sydd ei hangen i'r criw cyfan wybod bod yr alaw nesaf ar ddechrau. Nòd bach neu symudiad ysgafn a chraff ar osgo blaen y ffidil ac fe ddilyna'r holl gerddorion yr un trywydd. Wrth i rywrai dieithr ymuno â ni ambell waith, byddant unai'n anghrediniol ynghylch y gallu seicig a'r telegyfathrebu hwn rhwng y cerddorion neu mi fyddant yn meddwl y byddwn, o dro i dro, yn methu'r newid neu'n gor-wneud ambell symbol megis codi coes i'r awyr fel ci ger postyn neu ryw giamocs tebyg.

Mae cael bwrdd hwylus bron yn angenrheidiol gan ei fod yn fan i osod y diodydd, y plectrymau ac ambell organ geg. Bydd ambell un dewr yn gosod offeryn mwy sylweddol ar y bwrdd – ffidil neu fandolin neu gyffelyb. Ond nid yw hynny'n beth call i'w wneud, a bûm yn dyst i ambell ddamwain go drasig! Cofiaf un tro, a'r criw yn mynd i hwyliau wrth ganu 'Brethyn Cartref' yn y King's Head, Bethesda, i un ohonom ddechrau taro'r bwrdd fel dyn gwyllt gan ddychmygu mai Charlie Watts ydoedd yn chwarae'r drymiau i'r Rolling Stones. Ymhen ychydig eiliadau aeth y gwydrau, y cwrw a'r bwrdd yn ffradach gan adael ambell berchennog yn nadu yn y gornel dros eu hofferynnau drudfawr!

Yn ein plith heno mae un Albanwr sydd wedi dod i fyw i'r ardal, wedi priodi merch leol ac yn rhugl ei Gymraeg. Er hynny, mae'n anodd iawn deall yr un gair a ddywed y creadur. Mae ei acen mor gryf fel fy mod yn amau ei fod yn siarad iaith unigryw, y cyntaf i'w siarad erioed – a'r olaf efallai. A dwi'n hoff o'r syniad hefyd! Mi gofiaf daith i'r Alban rywdro a chanu mewn clwb gwerin yno. Wrth sgwrsio yn dilyn y gìg, canfyddais fod yr Albanwyr yno yn Inverness yn ystyried mai Welsh Gaelic yr oeddwn yn ei siarad, ac yr oeddwn yn hoff iawn o'r syniad rhamantus Geltaidd hwnnw! Ie, tybed ai GaelGymraeg yw'r iaith annealladwy a siarada ein cyfaill o Albanwr ac na ddealla neb air ohoni?

Anodd deall hefyd ei arferion yfed. Eistedda yno yn sipian chwisgi yn ystrydebol, a hynny drwy'r nos. Nid yw'n mynd at y bar fwy na dwywaith y noson tra bod pawb arall yn ymlwybro yn ôl a blaen at y bar a'r tŷ bach bob yn ail drwy'r rowndiau cwrw. Cwrw, wrth gwrs, ydy dewis ddiod y cerddorion. Does dim arlliw o lager na gwin ac ati yn halltu ein tafodau. Bron iawn nad oes snobyddiaeth ynghylch y peth. Cwrw cynnes, chwerw Cymru, fel y soniodd Dylan Thomas rywdro.

Ar dafod daw ias o'i flasu – yn siarp
   A sionc i'n dadebru,
   Cwrw oer yn ewyn cry'
   Ac amrwd – chwerw Cymru!

Nid cwrw Cymru ydy Burtonwood, wrth gwrs! Cwrw'r Hen Ogledd efallai? Ond mae blas ardderchog arno heno.

Tra bod gan yr Albanwr hwn ddawn anghyffredin i ganu ei offeryn, does dim llawer o grebwyll canu ganddo. Serch hynny, llwydda i ganu drwy'r chwisgi ymhob sesiwn, gan roi perfformiad arallfydol. Aiff ei lais crynedig o un cywair i'r nesaf heb unrhyw reolaeth, gan sicrhau mai dyma'r gân fwyaf allan o diwn a fu yng Nghymru ers i'r Brythoniaid gyrraedd yma. Rhydd gyflwyniad o gân glasurol Eric Bogle am frwydr Gallipoli yn y Rhyfel Byd Cyntaf, 'And the Band Played Waltzing Matilda', yr unig drawiad Saesneg ei gyfrwng drwy'r nos, ac mae'n anfarwol. Llwydda chwalfa ei donyddiaeth, ynghyd â geiriau trawiadol y faled am y frwydr erchyll, i gyfleu rhywbeth trawiadol, ofnadwy, hiraethus ac ysgytwol. Mae'n swnio'n debyg iawn i bibau cod traddodiadol ar adegau a daw rhyw gryndod i anesmwytho fy meingefn.

Yn achlysurol daw Gwyddel draw i'r sesiwn, unai ar ddamwain neu'n fwriadol wedi iddo glywed am yr achlysur wythnosol. Mae'n rhyfedd nad yw'r Gwyddelod yn taro deuddeg gyda'r sesiwn Gymreig yn aml iawn. Gydag ambell eithriad prin, canfyddant yr alawon Cymreig yn hollol wahanol i'w jigiau a'u riliau hwythau. Ânt ati weithiau i geisio chwarae alaw Wyddelig ond fe gaiff ambell un groeso digon oeraidd a dweud y lleiaf. Teimla rhai cerddorion gwerin bod dylanwad cerddoriaeth ddawns werin Iwerddon ar gerddoriaeth ddawns werin Cymru yn debyg iawn i ddylanwad y Saesneg ar y Gymraeg. Hynny ydy, mae perygl i'r alawon Cymreig gael eu boddi'n llwyr gan y traddodiad Gwyddelig sydd yn tra-arglwyddiaethu.

Wedi dweud hynny, pan awn ni ar daith i Iwerddon

11

bydd croeso mawr gan y Gwyddelod bob tro. Yng Ngogledd Iwerddon mae'r ddwy gymuned yn gwirioni fel ei gilydd ac yn y weriniaeth hefyd nid yw'n anodd denu gwên werthfawrogol. Ond yn ddiddorol iawn, nid oes llawer o awydd gan gerddorion Cymru i ymuno mewn sesiynau yn Iwerddon. Efallai, yn syml, oherwydd bod cymaint o wahaniaeth rhwng y steil cerddorol neu oherwydd bod safon y chwarae mor aruthrol, aruthrol o dda yno yn aml. Ac eto, mae llawer o'r alawon yn hynod debyg i'w gilydd ac yn aml iawn down i ddeall mai'r un tarddiad sydd i ambell alaw, pa un ai yn Iwerddon neu'r Alban.

Ac mae'r tebygrwydd yn naturiol ac yn ddealladwy, wrth gwrs. Esbonia'r llyfr *Traditional Music: Whose Music?*[1] sut y bu i filwyr chwarae alawon yn eu barics ym Melffast ac i'r Gwyddelod eu clywed, eu dysgu a'u mabwysiadu'n alawon Gwyddelig, er mai alawon Seisnig oeddent.

Daw eraill i'r sesiwn hefyd, yn eu plith Lydawyr a'u *bombard* swnllyd sy'n ddigon i droi cefn pob yfwr selog oherwydd ei sgrech amhersain.

Bombard

O nodau chwâl hen alaw – a hunllef
    Hir swnllyd annistaw
   Y drôn o gur di-ben-draw
   Yn hudol cei rin Llydaw.

Daw ambell un yn ogystal o ddwyrain Ewrop. Daw un cerddor o Wlad Pwyl i'r sesiwn yn rheolaidd ac yntau'n dysgu'r Gymraeg yn dda iawn a'i ferch fach yn tyfu'n dairieithog. A daw cerddor arall safonol o Estonia gan ddewis canu alawon Cymraeg a Chymreig. Mae croeso enfawr iddynt oll. Erbyn hyn daw dwy Almaenes i'r sesiwn

---

[1]   McNamee (1991), *Traditional Music: Whose Music?*, Belffast: The Institute of Irish Studies.

yn rheolaidd hefyd. Un i wrando ac er mwyn gwella'i Chymraeg, er ei bod yn gerddor, ac un arall i ganu offerynnau yn swynol tu hwnt. Nid yw hynny'n atal yr hogiau rhag tynnu coes, a hwnnw'n dynnu coes sy'n ymylu ar hiliaeth yn achlysurol, ond mae'r awyrgylch yn ddigon hamddenol a hwyliog iddynt allu taflu'r jôcs yn ôl atom yn rhwydd ac yn aml.

Yn ddiweddar daeth criw mawr o Americanwyr i'r sesiwn. Myfyrwyr prifysgol oeddent, ar daith gyfnewid i Gymru, a datblygodd y sesiwn yn rhyw fath o noson lawen gyda'r myfyrwyr yn canu bob yn ail â ni. Roedd dawn ddiamheuol ganddynt, eu bysedd yn llithro ar hyd tannau ein mandolinau a'n gitarau wrth iddynt chwarae cerddoriaeth *bluegrass* (glaswellt?). Ond rywsut, doedd y peth ddim yn tycio, a'r alawon yn troi'n ôl at yr alawon Cymreig bob cyfle. Nid oedd eu harfer o drafod materion gwleidyddol o ogwydd eithaf gwahanol i ni o gymorth i greu awyrgylch o ewyllys da ychwaith. Roedd un o'u plith, er ei fod yn rhyddfrydwr asgell chwith, yn frwd dros yr hawl i gario gynnau yn gyhoeddus.

Bu Americanes yn byw yn yr ardal am gyfnod a hithau hefyd wedi dysgu'r heniaith. Daeth yn aelod pybyr o'r sesiwn ac yn rhan allweddol o'r byd cerddoriaeth werin yn lleol, gan deithio i wyliau a gigs ar hyd ac ar led gwlad. Pan ddywedodd unwaith bod ei theulu am ddod draw i'w gweld, penderfynodd pawb o'r criw wisgo bathodynnau comiwnyddol – morthwyl a chryman – er mwyn tynnu arnynt. Ac fe lwyddwyd!

Daw Saeson i'r sesiynau weithiau, yn enwedig yn yr haf – ambell un ar ei wyliau ac â diddordeb gwirioneddol yn y gerddoriaeth. Does dim byd yn well na gweld un yn dod ac yn cynnig diod i'r cerddorion. Ar adegau felly, yn rhyfeddol o sydyn, daw ambell un o rafins selog y bar i ymuno â chriw'r sesiwn, yn ddiolchgar dros ben i'r cyfaill o Sais am ei haelioni.

Yn aml ceir rhyw hwyl fawr gyda'r ymwelwyr hyn. 'That was a lovely tune, what is it called?' meddent, weithiau gyda recordydd bychan gerllaw yn cofnodi pob dim ar dâp neu'n ddigidol, gan gyfeirio at 'Pant Corlan yr Ŵyn', 'Pibddawns Ieuan y Telynor Dall' a 'Mantell Siani'. Aiff ambell un o'r cerddorion ati i roi enwau gwirion ffug i'r alawon hynny, pethau megis 'Buddugoliaeth Glyndŵr' neu 'Dawns y Cymro wedi'r Frwydr' ac ati, y cyfan i godi gwên.

Felly mae dylanwad rhyngwladol yn aml ar y sesiwn. Cafwyd trafodaeth hirfaith un noson yn Llangefni o tua hanner nos tan ddau y bore am ddylanwad enfawr Sbaen ar gerddoriaeth werin Cymru. Dyw'r ffidlwr Dan Morris ddim yn rhoi llawer o goel ar y fath syniadau, ac mae'r safbwynt hwnnw yn tueddu i dynnu pawb arall i'w ben. Mae'n debyg mai alaw o Sbaen yw 'Ffarwél i'r Marian' ac nad cyd-ddigwyddiad yw enwau'r alawon 'Sbaen Waenddydd' a'r 'Spanish Minuet'! Hyd heddiw, pan y'i gwelaf, bydd yn fy herio mai 'alaw o Sbaen ydy hon 'sti!'

Cainc
y Crythor Du

Roeddwn i tua phymtheg oed pan ddaeth y cyfle cyntaf i mi chwarae sesiwn. Doeddwn i erioed wedi clywed am y fath beth ynghynt ac roedd y syniad yn un rhyfedd i mi. Ond a minnau'n chwarae mewn grŵp pync Cymraeg, mae'n debyg bod Ywain Myfyr, gitarydd y grŵp Cilmeri oedd yn byw yn Nolgellau, wedi ystyried efallai y byddai gennyf ddiddordeb mewn chwarae'r gitâr mewn sesiwn werin. Euthum heb unrhyw syniad beth i'w ddisgwyl, a minnau ddim yn gerddor o fath yn y byd. Cefais wersi piano ac ambell wers ar y fiola pan oeddwn yn iau, ond a dweud y gwir doeddwn i ddim yn gallu darllen y dotiau bychain duon hyd yn oed. Ond cytunais i fynd, efallai am fod Myfyr a'i griw yn hwyliog a bod ganddynt gefndir o ganu mewn grwpiau gwerin (Cilmeri a 4 yn y Bar yn benodol).

Er i mi wrthod mynd ag offeryn, canfûm fy hun yn y Last Inn yn y Bermo gyda chriw o gerddorion dawnus dros ben oedd yn hedfan drwy'r alawon. Chlywais i erioed y fath beth, ond er hynny, roedd yr holl alawon yn gyfarwydd i mi rywsut. Sut hynny? Er nad oeddwn wedi'u clywed cyn hynny, roedd pob un yn f'atgoffa o alaw oedd yn ddwfn yn y cof. Mi hoffwn allu dadlau mai rhyw fath o gof cenedl oedd ar waith, a ymdebygai i syniadau Carl Jung, a bod cerddoriaeth yr hen Gymry ynof ers cyn fy ngeni. Ond mae'n siŵr mai rhyw gerddoriaeth a dreiddiodd i'r isymwybod drwy eisteddfodau a thwmpathau'r Urdd ac ati oedd yn dod â'r peth yn fyw i mi y noson honno! Pa bynnag ryfeddodau oedd ar waith, gwyddwn mai yno yr oeddwn i fod, mai yno yr oeddwn yn perthyn.

Yno gyda'r gitarau, y ffidil, y *bodhran*, y banjo, y delyn a'r pibau cod, roedd gŵr yn chwarae cist de (sydd yn rhywbeth anarferol dros ben mewn sesiynau gwerin), a dyna ddigon i ddeffro fy niddordeb yn syth. Roedd y cwrw'n llifo a minnau'n eistedd yn dawel pan gynigiodd Dan Morris y cyfle i mi ganu'r crwth oedd ganddo fel ail offeryn y noson honno. A dyna sut y bu i mi ganfod fy hun yn fy sesiwn werin gyntaf erioed yn chwarae'r crwth – y crwth, o bob offeryn! Y crwth Cymreig traddodiadol. Dangosodd Dan i mi sut i afael yn yr offeryn a sut i addasu dulliau'r fiola ar gyfer y crwth. Chwarae harmoni oedd fy hanes y noson honno ac roedd Dan a Myfyr yn llawn canmoliaeth ysgogol. Y tro nesaf i mi gael gwahoddiad i sesiwn werin doedd dim angen ystyried am fwy nag ychydig eiliadau.

Cofnodwyd yn y chweched ganrif bod cerddorion y Brythoniaid yn chwarae'r 'crotta', ac wedi'r cyfnod hwnnw tyfodd y crwth i fod yn brif offeryn Cymru – hyd at ychydig ganrifoedd yn ôl pan ddatblygodd y ffidil a phan ddaeth y diwygiadau a'u coelcerthi offerynnol. Esgob Rhufeinig o'r chweched ganrif oedd Venatius Ffortunatus, a ysgrifennodd

Romanus lyra, plaudat tibi barbarus harpa,
Graecus Achilliaca, crotta Brittanna canat.

[Mola'r Rhufeiniaid di gyda'r delyn fach,
Y Barbariaid gyda'r delyn,
Y Groegwyr gyda'r delyn Achille,
A'r Brythoniaid gyda'r crwth.]

Ac felly, yma yng Nghymru deil y traddodiad o hyd gyda nifer dda o gerddorion erbyn hyn yn datgan ar y crwth. Derbynnir y gair yng ngeiriadur Saesneg Rhydychen fel gair dilafariad ac o'r herwydd mae'n un o'r ychydig eiriau yn yr iaith Saesneg heb lafariad (un arall yw 'cwm', gyda llaw). Pery'r enw hefyd yn y gair Cymraeg am 'cello', sef soddgrwth.

Datblygodd y crwth a'r ffidil i fod yn rhan annatod o ddiwylliant y Cymry, ac er i'r ddihareb 'nid â bwyell mae canu crwth' ddiflannu o'r tir, ac er i'r dull o ddisgrifio unigolyn diddan o fod 'megis crwth a thelyn' fynd bron yn angof, fe bery'r dywediad o 'roi'r ffidil yn y to' yn gyffredin hyd heddiw.

Efallai taw gor-ddweud yw datgan bod y traddodiad yn parhau gan mai wedi ei atgyfodi yn ystod yr ugeinfed ganrif y mae'r crwth yng Nghymru, gydag unigolion fel Bob Evans, Dan Morris a Cass Meurig yn flaengar yn y maes. Offeryn go debyg i'r ffidil ydyw, gyda chwe thant a bwa, ond nid yw'n lluniaidd hirgrwn fenywaidd fel y ffidil, gan mai ffrâm hirsgwar sydd iddo. I'w ganu rhaid ei ddal fel ffidil, a'i bwyso yn erbyn y fron yn hytrach na'r ên fel y gweir gyda'r ffidil. Mae sain y crwth yn hollol unigryw, gan amrywio o'r swynol hiraethus i'r wich hyll yn ôl y galw. Daw'r glust i fwynhau'r synau wedi gwrando tipyn, ond nid yw'n offeryn hawdd i'w fwynhau ar y gwrandawiad cyntaf, dybiwn i. Mae'n debyg bod y crwth yn un o'r ychydig offerynnau sydd yn wir Gymreig (neu'n Frythonaidd yn hytrach).

Mae sôn am y crwth yng nghyfreithiau Hywel Dda yn ôl yn y ddegfed ganrif. Nodir bod angen i bencerdd y brenin ganu'r delyn, y crwth a'r pibau ac er bod Beirdd yr Uchelwyr yn dueddol o wawdio'r crythorion (soniai Lewys Glyn Cothi am 'grwth drwg'!), cynhaliwyd cystadleuaeth canu'r crwth yn Eisteddfod yr Arglwydd Rhys yn Aberteifi yn 1176. Ceir ambell gerdd gan feirdd canoloesol yn canmol crythorion a gwyddom fod deunaw crythor wedi eu harwisgo yn Eisteddfod Caerwys yn 1567.

Yn 1770 darlithiodd Daines Barrington i gynulleidfa y London Antiquarian Society ac roedd ganddo grwth i'w arddangos iddynt. Dywedodd ar y pryd mai dim ond un unigolyn y gwyddai amdano yng Nghymru a ganai'r crwth o hyd, sef John Morgan o Niwbwrch, Ynys Môn. Ac yntau'n drigain oed, dywedodd Barrington 'The instrument will probably die with me in a few years.' Edrydd fy nhad, a fagwyd yn Niwbwrch, fod yno ardal, nid nepell o Lys Rhosyr, a enwid Tir Forgan (treiglad anarferol), sef llety'r crythor erstalwm, a'i fod yn credu mai yno y trigai John Morgan.

Daeth diwedd ar ganu'r crwth o ddifri yng Nghymru tua dechrau'r bedwaredd ganrif ar bymtheg. Serch hynny, roedd y cof am sut i adeiladu crwth yn fyw o hyd am flynyddoedd wedi hynny. Dywedir i Sais ymweld â Dolgellau tua diwedd y ganrif honno gan ofyn am rywun allasai ddangos iddo sut roedd gwneud crwth. Fe'i harweiniwyd at Owen Tudor, saer yn Nolgellau, a gofiai wneud crythau pan oedd yn laslanc. Aeth ati i wneud crwth o'r newydd ac mae'n debyg mai dyna'r crwth olaf a wnaed yng Nghymru yn yr hen oes. Aethpwyd â'r crwth hwnnw i amgueddfa yn yr Amerig (Museum of Fine Arts, Boston) ac mae yno hyd heddiw. Ceir llun o'r crwth hwnnw ar wefan yr amgueddfa â'r capsiwn 'Inscription –

Manuscript Label: Owain Tudur. Dolgellau. / in gwneuthurwr y / Crwth hwn.' Diddorol iddo ddefnyddio dull Cymreig o arwyddo'i enw ar y crwth a chofnodi yn y Gymraeg.

Owen Tudor yn mwynhau ei beint

Llun: Gwasanaeth Archifau Gwynedd

Aeth Owen Tudor yn ei flaen i wneud enw iddo'i hun drwy ymddangos mewn llun ar gyfer hysbyseb i fragdy cwrw Cambrian, Dolgellau, mewn cyfnod y credwn ni y dyddiau hyn pan oedd dirwest yn gymeradwy ac yfed cyhoeddus yn waradwyddus. Dengys y llun Owen Tudor mewn siwt frethyn a'i wasgod yn dynn a chap ar ei ben. Mae'n eistedd yno'n farfog ddedwydd ger bwrdd, a pheint o gwrw tywyll yn ei law. Ni welais hysbyseb cwrw fwy effeithiol na hon erioed. Gwna'r ddelwedd i rywun wenu'n fodlon a cheir rhyw deimlad bod Owen Tudor yn gymeriad naturiol lawen a rhwydd ei fyd.

Wedi dangos y llun i fy nghyfaill Gareth Rees yn y Llew Coch, Treforys, rhyw noson, fe'm hatgoffodd am gerdd fawr Gwenallt, 'Rhydcymerau', sydd yn dwyn i gof:

> 'R oedd fy nhad-cu, er na welais ef erioed
> Yn 'gymeriad' ; creadur bach, byw, dygn, herciog,
> Ac yn hoff o'i beint;
> Crwydryn o'r ddeunawfed ganrif ydoedd ef.

Yn naturiol ddigon, mae ambell alaw wedi ei henwi ar ôl crythor a chrwth, a dwy ohonynt yn benodol wedi eu henwi ar ôl y Crythor Du, sef 'Erddigan y Crythor Du' (a elwir weithiau yn 'Dygan/Drygan y Crythor Du') a 'Chainc y Crythor Du Bach'. A phwy tybed oedd y Crythor Du? Ai un unigolyn ydoedd ynteu ai cyfuniad o lawer un sydd yma? Cofnodwyd yr alaw 'Cainc y Crythor Du' yn wreiddiol gan Morris Edward ar Ynys Môn yn 1778, ond sonnir amdani gan eraill yn 1717 ac yn ystod yr ail ganrif ar bymtheg.

Gwyddom am chwedl 'Y Crythor Du a'r Bleiddiaid', wrth gwrs. Ac yntau'n cerdded adref yn hwyr un noson fe'i hamgylchynwyd gan fleiddiaid ymosodol. Doedd ganddo ddim syniad beth i'w wneud ac mewn anobaith llwyr cododd ei grwth a chanu alawon i geisio lleddfu ychydig ar yr ysgyrnygu a'r chwyrnu bygythiol. Ac yn wir, tawelodd y bleiddiaid gan orwedd i wrando ar y gerddoriaeth swynol. Ond yr eiliad yr oedd y Crythor Du yn rhoi'r gorau i'w chwarae hudolus, ailddechreuai'r ysgyrnygu a'r cyfarth gan ei orfodi i ganu alaw arall yn ddi-oed. Bu'n rhaid iddo barhau i ganu'r crwth drwy'r nos nes i ddynion gerdded heibio'r bore canlynol a hysio'r bleiddiaid ymaith.

Ceir hefyd o leiaf ddwy chwedl am farwolaeth y Crythor Du. Daw'r gyntaf ohonynt o ardal Cricieth. Hudwyd y Crythor Du gan gerddoriaeth hyfryd a lledrithiol i ogof ac ni welwyd ef byth wedyn. Digwyddodd yr un peth i bibydd a phibgornydd a dywed trigolion Cricieth y gellir clywed cerddoriaeth wych yn dod o'r ogof, a elwir yn 'Ogof y Crythor Du'. Mae'n debyg mai dyma darddiad yr alawon 'Ffarwél Ned Puw' a 'Ffarwél Dic y Pibydd' ac mai Ned a Dic oedd y ddau gerddor arall a gollwyd am byth yng nghrombil yr ogof.

Edrydd cofnodion Edward Llwyd bod beddau'r Crythor Du a'i was i'w cael yn Nant Gwynant gerllaw Llyn Dinas a bod pobl yr ardal yn wybyddus o'r fan. Dywed chwedl bod y Crythor Du ar daith glera drwy Eryri ar ei ffordd tuag at Feddgelert a'i fod ef a'i was wedi eu dal mewn gaeaf eithriadol oer a arweiniodd at farwolaeth y ddau ohonynt.

Beth bynnag yw'r gwir am y Crythor Du, awgryma'r ffaith bod chwedlau o'r fath yn bodoli, ynghyd â'r ffaith bod alawon gwerin wedi eu henwi ar ei ôl, fod y crythor yn bwysig i gymdeithas y werin bobl yng Nghymru ar hyd y canrifoedd. Ac os ydych chi'n un o'r bobl hynny sydd yn ddigon ffodus i allu canu'r ffidil, beth am roi tro ar y crwth a chodi seiniau Cymreig unwaith eto yn ein mamwlad?

Crwth

Eneidiau sy 'nghri'r ffidil – a'u hwylo
    Ddaw drwy'i halaw eiddil
  Yn llefain siom o'i chrombil
  Ac alaeth hiraeth ein hil.

Hoffedd
Tywysog Cymru

Ceubren yr Ellyll

Drigolion mwyn Llanfachreth
Gochelwch er mwyn popeth
Y man y safai'r dderwen gau
A gweflau y ffieiddbeth.

~

Yng nghysgod llwyd Moel Offrwm
Cyn dyddiau'r Sais a'i orthrwm
Bu'r Cymry'n cadw heddwch brau,
A'r Nannau yn llawn bwrlwm.

Ap Bleddyn[2] fu'n rheoli
Bro Powys a'r pentrefi,
A'r wlad i gyd yn mwynhau hedd
A'r orsedd wedi'i llenwi.

~

Ganrifoedd diweddarach
O ddilyn coeden llinach
Ar ryfel gri fe ddaeth Glyndŵr –
Gwladgarwr i fro'r Fawddach.

---

[2]   Cadwgan ap Bleddyn, Tywysog Powys yn yr unfed ganrif ar ddeg, oedd yn byw
ar safle'r Nannau ac yn un o gyndeidiau Hywel Sele ac Owain Glyndŵr.

Brwydro dros dir ei famwlad
Fu Owain, a'i ddyhead
Oedd gweled Cymru'n un wlad rydd
Fel gwledydd gwych y cread.

'Roedd Sele[3] iddo'n gefnder,
Yn Fychan llawn ysblander,
Ond ysywaeth 'roedd hwn a'i lu
Yn crafu i frenin Lloeger.

A Sele, gŵr y Nannau,
I Hotspur[4] i Ddolgellau
A roddodd wadd i blesio'r Sais
Er mantais i'w fudd yntau.

Ond Owain ddaeth â byddin
I godi calon gwerin,
A brwydr fawr fu ym Maes Coch[5]
A chroch oedd sŵn y ddrycin.

Dianc fu raid i Owain
A'i wŷr yn sgrech-wylofain,
Ond dynion Hotspur hefyd oedd
Hyd ffriddoedd yn fwyd cigfrain.

Aeth misoedd Owain heibio
Llawn ynni ac o gyffro,
Ond chwilio 'roedd am addas le
A chyfle i ysbeilio.

Ar noson oer a thywyll
Heb sŵn ond sibrwd gwersyll
Ymdeithiai gwŷr, rhai cryfion tal,
Am ddial hir ac erchyll.

I'r Nannau y daeth Owain
A dynion, deg a thrigain,
Yn wystlon aeth â Sele falch
Hen walch a llyfwr Llundain.

---

3   Hywel Sele, cefnder i Owain Glyndŵr, un o deulu'r Fychaniaid o'r Nannau.
4   Prif Ynad Gogledd Cymru yn 1401.
5   O dan Fynydd Moel.

Aeth heibio Moel Llyn Cynwch
Am Ganllwyd drwy'r tywyllwch,
Ond Gruff ap Gwyn[6] aeth yno 'nghynt
Fel corwynt trwy'r tawelwch.

Ger pompren fach Llanelltyd
Bu brwydr filain waedlyd,
Ond dynion Gruff a gadd eu lladd
Wrth ymladd yno'n ynfyd.

A thrigain dewr o ddynion
A laddwyd yno'n greulon
Ac yng Nghefn Coch mae Beddau'r Gwŷr[7]
Y milwyr garai'r Saeson.

Abad Abaty Cymer
Apeliodd yn llawn dewrder
Ar i'r milwyr weini'r cledd –
Trugaredd oedd ei bader.

A Sele wnaeth addewid
A hynny yn ei wendid
Y byddai'n rhoi'i deyrngarwch o
I frwydro dros eu rhyddid.

Cymododd y ddau gefnder
Gan ysgwyd llaw ger Cymer,
I Owain rhoddodd Sele wadd
I'w neuadd ac i'w haelder.

~

'Nolgellau cafwyd senedd
I drafod ymysg bonedd
Dyfodol gwlad a fu yn gaeth
A gwaeth ers dros gan mlynedd.

Aeth Owain i Gae Madog[8]
Cyn mynd at Sele ffolog,

---

6   Mab yng nghyfraith Hywel Sele (yn byw yn y Berthlwyd, Ganllwyd).
7   Enw'r cae lle claddwyd cyrff y milwyr.
8   Cartref Madog (cefnogwr y gwrthryfel), tu ôl i'r Ficerdy yn Llanfachreth.

23

I geisio cadw'r heddwch brau
I'r Nannau fel tywysog.

Yno fe gafodd glywed
Cerddi oedd iddo'n deyrnged
Gloddesta'n helaeth yn y wledd,
A hedd y medd a'r faled.

Ac yna gyda'u saethau
Ar diroedd bras y Nannau
I hela'r carw'n fawr eu sbri
A'r helgi wrth eu sodlau.

Sele cyn saethu elain
A drodd ei fwa milain –
Ei fwriad oedd wrth ollwng saeth
Llofruddiaeth – brad at Owain.

Gwisgasai Owain lurig
Gan amau'r gŵr bonheddig
A'r saeth a blygodd ar ei fron
Fel ffon rhyw 'sgawen ysig.

Yn dawel a diffwdan
Glyndŵr roes ddagr arian
Ym mron ei gefnder fradwr gwael –
A'i adael yno'n griddfan.

Dychwelodd ymhen ychydig
At gorff yr adyn unig
A'i guddio yn y dderwen gau
Ger Nannau yn y goedwig.

Daeth gwae i ben y mynydd
A gwyntoedd mawr a stormydd
A'r werin ofnent Ddydd y Farn
A'r cadarn grynai'n ebrwydd.

~

Ond Madog, gŵr o'r Ganllwyd
A welai'r diwedd hefyd
A'r modd daeth einioes Sele i ben,
Y brad, y sen, yr arswyd.

A Madog, mae'n wirionedd,
Nis gwelwyd wedi'r trosedd
Diflannu wnaeth o wlad a llys –
Ni wyddys am ei ddiwedd.

Glyndŵr yn awr ddychwelodd
A'i ddynion ef a barodd
I losgi'r Nannau'n adfail hyll
Yn gandryll fe'i gadawodd.

Clych Cymer fu yn cnulio
Am Sele bu mawr chwilio
Gadawyd gwraig a mab i'r Llan
Sef Meurig Fychan yno.

~

'Mhen deugain mlynedd wedyn
A'r storm yn rhwygo'r dyffryn
Fe chwalwyd derwen fawr y Plas
Gan fellten las lawn dychryn.

Ac yn y ceubren yno
A chleddyf wedi breuo
Fe welwyd esgyrn yn y gwyll
Sef sgerbwd hyll di-amdo.

A Hywel Sele welwyd
O hil a thras hen aelwyd
A dim o'i ôl ond esgyrn brau –
A'r Nannau yn ddi-gronglwyd.

~

Y dderwen nid yw mwyach
Na Sele fawr, na'i linach,
Ond ellyll uffern sydd gerllaw
A'i fraw uwchben y Fawddach.

~

Drigolion mwyn Llanfachreth
Gochelwch er mwyn popeth
Y man y safai'r dderwen gau
A gweflau y ffieiddbeth.

Meysydd Glas yr Amerig

Mae cenedlaetholdeb yn rhemp ym myd cerddoriaeth werin Cymru. Pawb yn gofidio am etifeddiaeth, traddodiadau, hunaniaeth. Rhai'n trafod cerddoriaeth neu ddawns, eraill yn trafod yr iaith neu farddoniaeth. Prin yw'r trafod gwleidyddiaeth, ond daw i'r amlwg yn achlysurol. Serch hynny, does neb yn trafod y faner (mewn unrhyw gyddestun!). Ni chyrhaeddodd cenedlaetholdeb Cymru y fath eithafion â'r Amerig hyd yma.

Efallai y byddai gorfodi plant ein hysgolion i gyfarch y faner yn blygeiniol feunyddiol a chanu'r anthem yr un pryd yn arfer gwerth chweil? Byddai'n rhoi cyfle i'r athrawon gael hoe fach haeddiannol o leiaf! Na, yma yng Nghymru rydym yn cadw'n gwladgarwch ar gyfer rhai pethau'n unig. Y pethau amlwg.

Gofynnodd Saeson i mi rywdro yng ngwesty'r Gwernan, ger Dolgellau, beth oedd pryd bwyd cenedlaethol Cymru. Cwestiwn da. Ac wedi rhestru bwydydd megis pice mân a bara brith fe aeth i'r wal arna i wrth geisio meddwl am ragor. Rywfodd mae sôn am gawl cennin yn swnio'n hurt a phery bara lawr yn unigryw i ambell ran o Gymru yn unig. Yna rhestrwyd pethau megis tatw pum munud, cig oen a selsig Morgannwg, cyn gwrthod cytuno ar y 'Welsh Rarebit' bondigrybwyll – yn enwedig y fersiwn hwnnw sydd â chwrw yn gymysg â'r caws ac wy wedi'i ffrio ar frig y cyfan! Hurtrwydd.

Dywed rhai mai enw'r Saeson ar hoff fwyd y Cymry tlawd oedd y 'Welsh Rabbit', gan eu pryfocio nad oeddent yn gallu fforddio cwningen ac mai dyna oedd y fersiwn Cymreig o gwningen!

Un rhan o'n cenedlaetholdeb a gymerir o ddifri yw'r anthem. Gwelais rai'n wylo mewn sesiynau wrth ei chanu (na, doedd y cerddorion ddim allan o diwn!), a gwelais eraill yn sefyll fel milwyr a'u dyrnau fry yn rhoi saliwt i ryw achos rhithiol. Ni fydd pob sesiwn yn gorffen gyda'r anthem o bell ffordd. I ddweud y gwir, mae'n beth anghyffredin, ond pan fydd yn digwydd fe saif un rheol yn gadarn. Gwaherddir pawb rhag canu unrhyw alaw arall wedi'r anthem. Yr anthem yw clo'r noson a phan fydd ambell un yn ddigon haerllug i dorri'r rheol honno bydd ymateb fel petasai rhywun wedi ymddwyn yn deyrnfradwrus! Gwelais ambell ffrae oherwydd hyn, a'r rhai hynny'n ymylu ar baffio.

Ar un adeg bu bron i bethau fynd yn wyllt mewn tafarn pan fentrodd Sais eistedd yn ystod yr anthem! Ho ho! Dyna i chi beth oedd cythrwfl! Roedd unai'n ddewr neu'n dwp gan fod yr holl dafarn, tua hanner cant o bobl, yn rhythu arno'n fygythiol!

Mae'r cysyniad o anthem genedlaethol yn un rhyfedd rywsut. Sut tybed y tyfodd y fath syniad? Cenedl gyfan yn derbyn un gân i'w harddel ac i'w cynrychioli. Efallai mai dylanwad rygbi a phêl-droed yn anad dim arall sydd wedi gwneud cymaint i'n diffinio fel cenedl Gymreig a bod yr anthem yn rhan hanfodol o'r diffiniad hwnnw.

Bu sawl fersiwn o'r anthem. Ar hyd y blynyddoedd bûm

27

yn gwrando ar grwpiau *bluegrass*, grwpiau gwerin-roc, grwpiau jazz a grwpiau roc yn rhoi eu triniaeth i 'Hen Wlad Fy Nhadau'. Aeth yr anthem ar daith o'r Moniars i Louis a'r Rocyrs, o Tich Gwilym i chwibanu glaswelltyn – mae'n rhaid mai dyna'r fersiwn gorau un! Wedi'r Ail Ryfel Byd mudodd miloedd o Bwyliaid i Gymru. Pwyliaid y'u gelwid, ond gwyddom fod nifer dda ohonynt yn dod o wledydd eraill cyfagos i Wlad Pwyl yn nwyrain Ewrop. Ac wrth iddynt ymsefydlu magwyd teuluoedd iddynt ar draws Cymru gyfan. Datblygodd nifer dda ohonynt yn Gymry balch, megis Eurig ap Gwilym yn Nolgellau a Mel Rapodlek yn Abertawe.

Y cyfaill Gareth Rees ddywedodd yr hanes wrthym am gyfaill ysgol iddo oedd â'i dad yn Bwyliad. Roedd Gareth yn mynd ato yn achlysurol am de ar ôl ysgol ac roedd tad ei gyfaill yn dipyn o gês. Disgrifia Gareth sut yr oedd yn rhythu ar y gŵr yn yr un modd ag y byddai ci'n syllu ar wyntyll nenfwd yn troi a throi. Y rheswm am hynny? Defnyddiai'r hen fachgen laswelltyn, gan afael ynddo rhwng ei ddau fawd a chwythu, i chwibanu yr anthem genedlaethol ar ei hyd, a hynny'n bersain! Byddai'n arferiad ganddo wneud hyn i unrhyw un dieithr fyddai'n galw draw a byddai'r bechgyn lleol yn galw draw yn amlach na pheidio er mwyn cael mwynhau'r sioe ryfedd honno.

Y glaswelltyn chwibanog! Neu fel y dywed yr Americanwr, 'the whistling bluegrass'.

Megan a Gollodd ei Gardas

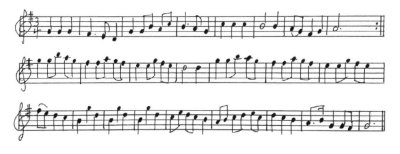

Felly, pwy oedd Megan?

Rhaid cyfaddef fy mod, fel unrhyw ddyn twymgalon, â diddordeb yn yr hanes. Tybed sut y bu iddi golli ei gardas? Ar ba achlysur? Pwy oedd yno i dystio i'r digwyddiad? Ac yn bwysicach na dim, pwy oedd Megan? Yn anffodus, does gen i ddim syniad. Ond gwyddom fod cyfansoddwraig wedi mynd i'r drafferth i sicrhau bod coffa am Megan yn parhau drwy'r canrifoedd ym myd cerddoriaeth draddodiadol Cymru.

Ac ysgolheigion yn tyrru'n blith draphlith i ddatgan mai o wledydd eraill y daw nifer o'n halawon yn wreiddiol, da yw cael ambell alaw fel 'Llwyn Onn' er mwyn gallu datgan yn sicr bod alawon y Cymry gwreiddiol yn parhau. Rhai o'r alawon eraill gwreiddiol hynny yw 'Merch Megan', 'Wyres Megan' a 'Megan a Gollodd ei Gardas'.

A phwy tybed a'u cyfansoddodd? Y gyfansoddwraig, mae'n debyg, oedd Marged Uch Ifan. Cenir cân werin gan fardd anhysbys amdani:

Marged Uch Ifan

Mae gan Margiad Fwyn Uch Ifan
Delyn fawr a thelyn fechan
Un i ganu yn G'narfon
A'r llall i gadw'r gŵr yn fodlon.

Mae gan Margiad Fwyn Uch Ifan
Glocsen fawr a chlocsen fechan,
Un i gicio'r cŵn o'r gornel
A'r llall i gicio'r gŵr i gythrel.

Mae gan Margiad Fwyn Uch Ifan
Fegin fawr a megin fechan
Un i chwythu'r tân i gynna'
A'r llall i chwythu'r mwg o'r simna'.

Mae gan Margiad Fwyn Uch Ifan
Badell fawr a phadell fechan
Un i olchi'i chrys a chynfas
A'r llall i ferwi'r uwd o bwrpas.

Mae gan Margiad Fwyn Uch Ifan
Grafanc fawr a chrafanc fechan
Un i dynnu'r cŵn o'r gongol
A'r llall i dorri esgyrn pobol.

Ym Mhenllyn y mae hi'n bydio
A'i dwy fron fel eira'n lluwchio
Dygwch fy ngorchymyn ati
Margiad Fwyn Uch Ifan ydi.

Clywais sôn mai gwraig oedd yn byw yng Nghwm-y-glo gerllaw Llanberis oedd Marged Uch Ifan yn nechrau'r ddeunawfed ganrif. Mae'n debyg mai fersiwn arall o 'Erch' oedd 'Uch'. Roedd hi'n glamp o ddynes ('dynas nobl' ddywedid yn Nolgellau pan oeddwn i'n ifanc) na fu erioed yn sâl yn ei gwely, yn gymeriad, yn gerddor medrus ac yn fenyw nodedig mewn cyfnod pan nad oedd gwragedd yn cael cyfleon teg.

Yn ôl y llyfr *Cymru Fu* roedd hi'n gerddor gwych, yn chwarae'r delyn yn gampus ac yn gyfansoddwraig doreithiog.

Mae'n debyg iddi gyfansoddi naw o alawon telyn poblogaidd gan gynnwys, wrth gwrs, y rhai a restrwyd.

Mor anhygoel yw'r hanes amdani yn *Cymru Fu* nes ei fod yn anodd ei gredu yn ei gyfanrwydd, ond mae un peth yn sicr, roedd hon yn wraig a hanner! Bu hi'n gweithio fel crydd a theiliwr. Defnyddiodd rai o nodweddion y crefftau hynny i adeiladu cychod yn llwyddiannus, gan hwylio dau ohonynt gyda'i morwyn ('yr hon oedd o gyfansoddiad cadarn fel hithau'!) i gario copr o waith mwyn yr Wyddfa ar hyd llynnoedd ardal Llanberis. Bu'r forwyn yn gweithio i Marged am dros ddeugain mlynedd a bu farw ychydig fisoedd yn unig cyn Marged.

Dywedir ei bod yn meddu ar alluoedd barddonol yn ogystal â llais canu peraidd anghyffredin a'i bod yn deall hen nodiant yn arbennig o dda. Galluogodd hynny iddi gyfansoddi caneuon pur enwog yn ei hoes a dywed *Cymru Fu* y gellid clywed y caneuon hynny yn ystod cyfnod cyhoeddi'r gyfrol (1860). Cofnodwyd 'Marged Fwyn Uch Ifan' gyntaf gan John Parry Ddall yn 1742.

Byddai Marged Uch Ifan yn cadw cŵn ac yn ymfalchïo yn y rhywogaethau y gallai eu cynnal, megis helgwn, milgwn a daeargwn. Byddai'n ymhyfrydu yn eu galluoedd ac yn hela llwynogod yn rheolaidd, gan fwynhau'r ornest rhyngddi a'r boneddigion lleol, yn enwedig gan y byddai'n llwyddo i ddal mwy o lwynogod na hwynt yn flynyddol!

Dywed y chwedlau ei bod yn gryfach na'r ddau ddyn cryfaf yn yr ardal. Mae'n debyg bod nifer fawr o wŷr wedi gofyn iddi eu priodi, ond y bu iddi wrthod niferoedd ohonynt! Dywed *Cymru Fu* ei bod, yn y diwedd, wedi dewis y dyn mwyaf 'llwfr-galon' yn yr ardal yn gymar a hynny oherwydd ei bod eisiau bod yn fistar arno ac ar ei chartref!

Cofir un chwedl am Farged Uch Ifan sy'n werth ei hadrodd. Aeth un o'i chŵn, Ianto, i mewn i dŷ un o'r mwyngloddwyr lle roedd Marged yn gweithio yn cario copr. Yn anffodus, bwytaodd Ianto fwyd y mwyngloddiwr a phan ganfyddodd ef hynny aeth ati i ladd y ci. Pan glywodd Marged am hynny aeth i dŷ'r gŵr a'i herio. Pan gyrhaeddodd roedd y dyn allan yn ymolchi ac yn canu'n swnllyd. Dywedir bod atal dweud ar y dyn a phan ofynnodd Marged iddo ai canu oedd y sŵn hyll dywedodd yntau 'Ie, ca-canu cnul Ia-Ianto sydd yma.'

Ymatebodd Marged drwy ei fygwth, gan ddweud y byddai rhywun yn canu ei gnul yntau cyn bo hir. Aeth pethau'n flêr gyda'r ddau yn dadlau ac yn ffraeo ac yn herio'i gilydd, a'r mwyngloddiwr yn datgan nad oedd arno ef ofn Marged. Dywedodd hithau y byddai'n dychwelyd ar ôl iddo ymolchi!

Ychydig yn ddiweddarach dychwelodd Marged a sefyll yn fygythiol o flaen cartref y gŵr ifanc. Dywedodd y byddai'n fodlon dod i gytundeb yn hytrach nag ymladd. Cynigiodd dalu gwerth y bwyd a fwytaodd Ianto'r ci bedair gwaith drosodd os byddai'r gŵr yn talu am y ci. Gyda choegni, gwrthododd y mwyngloddiwr gan fygwth y byddai rhagluniaeth yn anfon Marged i'r un cyfeiriad â'r ci yn go fuan oni bai ei bod yn dal ei thafod. Mae'n debyg iddo ymroli a sgwario a brolio'i ddycnwch a'i gryfder yn swnllyd orchestol.

Aeth Marged ato a thaflu un dwrn gan ei lorio a gadael y mwyngloddiwr yn llyfu'r llawr. Roedd ychydig o'i gyd-weithwyr yn dystion i'r digwyddiad a chredent fod perygl y byddai Marged wedi lladd y mwyngloddiwr petasai wedi taro ergyd arall!

Bu farw Marged Uch Ifan yn gant a dwy mlwydd oed tua 1789, ond pery'r cof amdani drwy ei halawon.

Clywais rai'n sôn mai merch tafarnwr yn ardal Cwm-y-glo oedd Megan a'i bod hithau'n gymeriad difyr hefyd, digon difyr i Farged Uch Ifan gyfansoddi alawon iddi. Pwy a ŵyr!

Bedd y Morwr

Dywed comedïwyr o Saeson ei bod yn bosib 'marw' ar lwyfan os aiff pethau o'u lle. Wn i ddim am gomedi ar lwyfan, ond gwn i mi bron â syrthio'n farw o gywilydd pan glywais fi fy hun yn canu mewn amgueddfa! Na, doeddwn i ddim yno'n canu, dim ond ymweld, ond roedd yno recordiad yn chwarae fel enghraifft o ganu Cymraeg o'r oes a fu. Yr oes a fu, cofiwch! Ie! Fi oedd hwnnw!

Euthum â'r plant i amgueddfa lle roedd arddangosfa am Gymru a'r môr. Yno, wrth gerdded rhwng y byrddau arddangos a cheisio cadw llygad ar symudiadau'r plant, cefais syndod o'r mwyaf. Clywais fy hun yn canu:

Trafaeliais y byd ei hyd a'i led
  A thrwodd a thros y môr,
Bydd glaswellt dros fy llwybrau i gyd
  Cyn delwyf fi i Gymru'n ôl
Cyn delwyf fi i Gymru'n ôl fy ffrinds
  Cyn delwyf fi i Gymru'n ôl,
Bydd glaswellt dros fy llwybrau i gyd
  Cyn delwyf fi i Gymru'n ôl.

Canu harmoni oeddwn i gyda'r grŵp Gwerinos, a Dan Morris yn arwain y gân 'Ffarwél i Dre Porthmadog' cyn ei ddilyn gyda'r jig sionc 'Bedd y Morwr'. Ie, bedd roedd arna i ei angen am rai munudau! Gelwais y plant draw a cheisio

33

Gwerinos yng Nghlwb Ifor Bach, Caerdydd yn 1992

Llun: Gwerinos

eu cael i wrando ar y gân. Sut gallasai ein recordiad ni o ganol nawdegau'r ugeinfed ganrif fod yn ddilys ar gyfer amgueddfa yn nechrau'r unfed ganrif ar hugain, prin ddeuddeng mlynedd yn ddiweddarach? Dyna sut mae gwneud i ddyn deimlo'n hen! Clywed ei hun yn canu mewn amgueddfa!

Ond dwi'n eithaf hoff o'r gân honno, cân sianti Gymraeg sy'n llawn hiwmor ac yn sôn am bolyn ar ben castell Cricieth, am wario arian ym Mhwllheli ac am gastell Harlech 'sydd bron â dŵad i lawr' ac ati cyn canu geiriau'r gytgan hiraethus mewn dull hwyliog ffwrdd-â-hi heb fawr o hiraeth yn yr alaw. Yr awgrym, mae'n debyg, yw nad oedd llawer o hiraeth yn eiddo i'r cyfansoddwr ffraeth! Ac nid peth dieithr mo hynny ychwaith.

Cofiaf weld llythyr gan Dan Puw, Y Parc, rai blynyddoedd

yn ôl, llythyr yn dyddio'n ôl i'r bedwaredd ganrif ar bymtheg, wedi ei ysgrifennu'n fân ar hyd ac ar led y dudalen, a'r llinellau'n croesi ei gilydd drosodd a thro. Llythyr gan Gymro aeth i fyw i'r Amerig ydoedd, ac ynddo disgrifiai ei fywyd. Disgwyliwn i'r llythyr ddiferu o hiraeth a thorcalon, ond nid felly yr oedd. Dathlai'r awdur ei fywyd newydd gan ymbil ar ei deulu yng Nghymru i'w ddilyn allan i'r Amerig i gael profi'r un pleserau ag a gawsai yntau!

Prin yw'r siantis Cymraeg traddodiadol. Aiff pethau'n fain braidd ar ôl canu 'Harbwr Corc', ond mae Dan Morris yn canu un arall ar yr un record gan Gwerinos, sef 'Cân Joni'r Blodwen'. Dywed clawr record Gwerinos mai 'Taid Ywain Myfyr a fu'n gweithio am gyfnod ar un o gychod Port[hmadog] (Y *Blodwen*) a'i casglodd'. Cofnododd Meredydd Evans yr un gân gan ddatgan iddi gael ei defnyddio i leihau diflastod a syrffed ar longau llechi o Fangor i'r Amerig.

Llong hwyliau fechan a chyflym a adeiladwyd yn 1891 ar gais Capten John Roberts o Dalsarnau oedd y *Blodwen*, a bu'n teithio'r byd yn cario llechi. A hithau'n teithio gerllaw Alicante yn 1916 fe'i drylliwyd. Dywed Emrys Hughes yn ei lyfr *Porthmadog Ships* mai morwyr lleol o Borthmadog fyddai'n ei hwylio a bod awyrgylch llawen arni bob amser.

Llwyddodd y llong fechan hon i deithio o Ganada i Wlad Groeg mewn 22 diwrnod yn unig o dan arweiniad Capten 'Johnie Williams'. Tybed ai hwn sydd dan sylw yn 'Cân Joni'r Blodwen'?

Fe hwyliwyd llestar egwan,
Nid wyf yn enwi hon,
Fe aeth o ddinas Bangor
Ei thaith oedd dros y don.

So happy we are all, my boys
Happy we are all,
Rwy'n disgwyl caf eich gweled chi
Ar lannau Cymru'n ôl.

Roedd arni un ar bymtheg
O Gymry oll i gyd
Yn hwylio o afon Menai
I deithio'r newydd fyd.

Y gwynt a ddaeth i chwythu
Yn ffafriol ar ein rhan,
Gadawsom Ynys Seiriol
A'r peilat aeth i'r lan.

Aeth heibio pen Caergybi
I lawr i'r culfor cas,
Diflannodd bryniau Cymru
A thir Iwerddon las.

Cawn bwdin reis dydd Sadwrn
Nes byddwn bron yn ddall –
Syrthio i lawr y fforcias
Y naill ar ôl y llall.

Difyr yw caneuon macaronig a'r geiriau'n gymysgedd o Gymraeg a Saesneg. Rywsut mae'n rhoi hwyl ychwanegol i gân ac yn codi gwên naturiol. Dywed rhai fod tristwch i ganeuon o'r fath a'u bod yn dangos dirywiad ieithyddol yng Nghymru, ac mae'n siŵr bod rhywfaint o wirionedd yn hynny, yn enwedig o gofio bod llawer ohonynt yn deillio o ardaloedd lle boddwyd yr iaith adeg y Chwyldro Diwydiannol. Fe glywn hynny mewn caneuon fel 'Cân Merthyr' a hefyd mewn rhigymau gwirion sydd yn dal yn boblogaidd heddiw:

Collier bychan ydw i
Yn gweithio underground
The rhaff will never torri
As I go up and down.
Bara when I'm hungry
Cwrw when I'm dry
Gwely when I'm tired
A nefoedd when I die.

Tueddiad caneuon gwerin traddodiadol yw eu bod yn hiraethus a thrist ar y cyfan. Ceir pump neu chwech o deitlau ymhob llyfr o ganeuon traddodiadol sydd yn dechrau gyda'r gair 'Ffarwél' ac sy'n wylo tristwch, hiraeth a'r felan draddodiadol Gymreig.

A dyna'r rheswm efallai pam mae'r enw 'Bedd y Morwr' yn un mor hoffus – rhoi enw marwnadol i alaw sionc a phert. I ddweud y gwir, mae'n chwip o alaw dda, yn un i lonni pob sesiwn, a'r tripledi sydd i'w chwarae ym mhob bar bron yn wirioneddol hyfryd.

Rhoddodd dau fardd bin ar bapur a chyfansoddi cerddi 'Bedd y Morwr'. Robyn Ddu Eryri (Robert Parry) oedd y cyntaf, yn ystod y bedwaredd ganrif ar bymtheg. Bu'n deithiwr mawr ar draws Cymru a Lloegr ac aeth i'r Amerig ar dramp hefyd, gan ddychwelyd yn arddel crefydd y Mormon ac yn pregethu dirwest, er fod rhai yn hawlio ei fod yn rhagrithiol braidd gan nad oedd ei ymddygiad ef ei hun yn brawf o fywyd dirwestol. Yn Llwydlo y mae ei fedd.

Rhyfeddol yw ei gân sydd ar gynghanedd, ond sydd hefyd yn cyrchu pob llinell gydag odl fewnol yn y llinell nesaf. Fel hyn y canai, yn yr orgraff wreiddiol:

Bedd y Morwr:- *Pa le y mae?*

Rhyw haf aeth Llongwr, gwr teg waith,
  I hir dir daith ar wawr y dydd;
Y mor yn llyfn, mawr iawn y lles,
  Ac annwyl wres gan awel rydd:
Ond ar ryw nawn y codai gwynt
  I rwystro'i hynt, er ystryw hedd,
A syrthiai'r gwr, yn swrth a gwan,
  I lymaf fan, – pa le mae'i Fedd?

Pa le y traed a gaed yn gynt
  Na gallu gwynt, rhag colli gwyr?
Y breichiau cryfion tynion tal,
  A fedrent ddal fal modrwy ddur?

Yn awr nid yw y gwiw ar gael
  Ef sydd wael, mi wn, ei wedd:
Nid oes neb call, Och! wall a chur,
  A edwyn fur ei lydan Fedd!

Mae brig ewynawg, denawg, don,
  Un hallt ei bron yn hollti briw;
Wrth fodd yn rhuo, neidio'n ol,
  A'i harw gol am Longwr gwiw:
O waedd! ni all y weddw'n awr,
  Gwiw ei gwawr, er gwywo ei gwedd,
Gyda brys, ond codi ei braich,
  Ac wylo baich,– nis gwêl y Bedd!

Er bod marwolaeth gaeth ei gwawr
  Ar heli'n awr yn hwylio'n noeth;
Gan guro, briwio, llawer bron,
  I addoer don, a chuddio doeth,
Daw dydd ceir Morwr dewr o'r don,
  Pan ferwo hon, heb fawr o hedd,
Yn bwysau dyn, heb eisiau darn,
  I'r olaf Farn o'i ddirgel *Fedd!*

Y bardd arall fu'n ystyried bedd y morwr oedd Mynyddog (Richard Davies), o'r un cyfnod â Robyn Ddu Eryri. Ac yntau'n fardd eisteddfodol, byddai Mynyddog yn canu ei ganeuon ac yn teithio ar hyd ac ar led gwlad, gan gynnwys Llundain, i roi cyngherddau o'i waith.

Bedd y Morwr

Mae'r teulu rhwng mynyddau gwyllt
Hen Gymru'n gwrando suad
Ystormydd wedi digio'r hallt
Gwaeth stormydd ar y teimlad;
Y fam a dry ei llygaid llaith
Mewn gweddi at Waredwr,
Ac ofna fod y dyfnder maith
Yn awr yn fedd ei morwr.

Y fellten yn ei gwib wna'r nen
A'r bwthyn llwyd yn oleu,
A hithau'n crynu, plyga'i phen
Ym mrwydr yr elfennau;
At rudd y baban try ei grudd
A honno'n wlyb gan lifddwr,
Ac ofna rhag i'r fellten rydd
Oleuo ar fedd ei morwr.

Cyflyma'r daran, rhyd ei llef,
Mewn nwyd trwy'i hutgorn croyw
Am na chai lonydd yn y nef
Gan wib y fellten loyw.
Y baban gwsg, gogwydda'r fam
I lewyg, pa le mae'i harwr
Wrth sibrwd 'A rydd taran lam
Yn awr dros fedd fy morwr?'

Y wraig orffwysa ar y mur
Fel corsen wedi torri,
Y baban huna heb un cur,
Y gŵr a'r tad sy'n boddi;
Am help gweddïa, du yw'r nen,
Y cryf a wnaed yn wanwr,
Disgynnodd, A! Gogwyddodd ben,
Cyrhaeddodd fedd y morwr.

Yn fore gyda thoriad gwawr
Y wraig yn dwyn ei baban
A rodiai dros y bryn i lawr
At draeth y môr gan gwynfan,
Y don fu'n wyllt yn awr nesäed
Distawed si ei lifddwr,
A'r dagrau tyner olched draed
Amddifad weddw'r morwr.

Oes yna unrhyw genedl arall erioed sydd wedi cael cymaint o fwynhad o'r felan â'r Cymry?

Dyna pam mae sioncrwydd 'Bedd y Morwr' yn werthfawr, a'r alaw yn hawlio'i lle ym mhob sesiwn werin gwerth ei morwyr hallt!

O Gylch
y Ford Gron

Er mai cwrw a gysylltir fel rheol gyda'r sesiwn yng Nghymru, mae llawer mwy i'r traddodiad na hynny. Bara lawr, unrhyw un? Neu gaws gafr unigryw Gŵyr? Padell ffrio a madarch, wyau, tomatos, bara saim a chig moch? Neu sglodion a selsig gyda llwyth o sos coch? Mae'r cyfan yn naturiol gysylltiedig â'r sesiwn ac yn sicrhau arferion glafoeri dros safnau y rhan fwyaf o gerddorion gwerin Cymru.

Nid peth anghyffredin yw clerwr o hyd yng Nghymru. Efallai fod hynny'n beth anodd i'w gredu y dyddiau hyn a hithau'n unfed ganrif ar hugain, ond gwir y gair ac mae'n haeddu gwrandawiad! Yn ystod yr ugain mlynedd diwethaf dwi wedi dod i adnabod pedwar clerwr llawn-amser sy'n teithio'r wlad, a'r rheini yn Gymry Cymraeg.

Roedd gan ddau ohonynt gerbyd modur, ond cerdded a ffawdheglu o amgylch y wlad a wnâi'r ddau arall. Aeth ambell un ohonynt dramor, ar hyd ac ar led y gwledydd Celtaidd, a datblygodd un i ganu pen-stryd yn broffesiynol ar orsafoedd rheilffordd tanddaearol Llundain. Bu'n gwneud bywoliaeth felly am oddeutu deng mlynedd, ond yn anffodus does gen i ddim syniad ymhle y mae erbyn hyn. Canu'r ffidil a wnâi, ac nid yn unig yn y gorsafoedd – byddai weithiau'n cerdded i fyny ac i lawr y trên ei hunan ac yn chwarae alawon Cymreig i'r teithwyr.

Dywed *Geiriadur yr Academi* mai clera yw 'busking', ond nid wyf yn cytuno â hynny. Gall clera gynnwys canu pen-stryd, ond mae'n fwy o ffordd o fyw i mi na hynny. Credaf ei fod yn agosáu at fyw bywyd y bardd crwydrol y ceir hanes amdano yn chwedloniaeth Cymru, neu'r 'minstrel' yn Lloegr. Rhywun a arferai deithio o dŷ i lys ar draws gwlad yn canu ac adrodd ydoedd, a'r canu ac adrodd hwnnw yn sicrhau nawdd drwy lety, bwyd a diod iddo. Ac eto, o ddarllen rhywfaint am fywyd Dafydd ap Gwilym yn ddiweddar, deuthum i ddeall mai beirdd gwlad go sâl oedd y glêr – a'r rhai hynny a elwid yn glêr gan y beirdd safonol fel rhyw fath o sarhad neu sen gan mai clêr, wrth gwrs, yw'r pryfaid hynny sy'n hoffi hel o gwmpas dom da!

Ni holais am ganiatâd yr un o'r clerwyr y deuthum i'w hadnabod i roi pin ar bapur amdanynt, ond ceir ychydig o'u hanesion hwnt ac yma yn y gyfrol hon. Serch hynny, mae eu hanes o ddiddordeb i'r ystyriaeth o fwyd o gylch y ford gron gan fod un peth arbennig yn cysylltu'r pedwar clerwr hyn, sef eu dibyniaeth ar gerddoriaeth am fwyd a hefyd eu dull arbennig o ddefnyddio bwyd i sicrhau nawdd, llety a chyfleon i glera.

Nis gwn a oedd y dull hwn o ddefnyddio a derbyn bwyd yn rhan o'r traddodiad clera yng Nghymru ac felly a oedd hyn yn rhywbeth yr oeddwn i fod i'w rag-weld. I ddweud y gwir, nid oedd yn amlwg i mi ar y cychwyn – a pham y dylai fod?

Y tro cyntaf i'r peth ddigwydd, ni sylwais hyd yn oed. Daeth y clerwr hwnnw i aros acw yn dilyn galwad ffôn yn dweud ei fod yn teithio tua'r gogledd o gyfeiriad Aberystwyth. Y noson gyntaf honno cyrhaeddodd y tŷ gydag anrheg, bara lawr o Benrhyn Gŵyr. Yn ardal y Gŵyr y bu'n canu y noson cynt ac roedd arno eisiau sicrhau fy mod i wedi profi'r saig 'flasus' honno (roedd yn gas gen i'r pryd afiach!). Felly, yn dilyn sesiwn lwyddiannus dros ben yn y Stag yn Nolgellau dyma ddeffro'r bore wedyn gyda phenmaenmawr i wrando ar gerddoriaeth werin yn treiddio o'r gegin lawr grisiau. Wrth gerdded i lawr tua'r gegin ffrydiai'r arogleuon i'r ffroenau a'r alawon i'r clustiau. Roedd y clerwr yno yn y gegin yn chwarae'i offeryn tra oedd bara lawr a cheirch yn ffrio ar y radell. Dyna oedd dull y clerwr hwn o ddangos ei ddiolchgarwch am y llety a'r bwyd – alaw a bara lawr ben bore!

Nid oedd hynny'n beth rhyfedd ar yr olwg gyntaf nes i mi, ychydig fisoedd yn ddiweddarach, gael galwad gan gyfaill o glerwr oedd yn teithio adref o Iwerddon. Roedd wedi clywed am sesiwn bosib yn y Bermo ac roedd eisiau gwneud y mwyaf o'i gyfle tra oedd yn dychwelyd i ganolbarth Cymru. Cyrhaeddodd y noson honno gyda'i rodd o gaws gafr o Ynys Môn yn barod ar gyfer gwledd gyda chwrw i ddilyn y sesiwn. Nid oedd hyn ychwaith yn taro'n od – anrheg i ddiolch am lety yn unig. Ond wedi i'r pedwar clerwr ymweld sawl gwaith yr un dros y blynyddoedd daeth yn arferiad iddynt gyrraedd gyda rhyw fwydydd gwahanol i'r arfer. Ni ddaeth neb â chaniau cwrw na photel win, ni roddodd neb deisen neu flodau, ni dderbyniwyd siocled gan neb.

Deuai'r clerwyr â rhoddion o fwyd 'gwahanol' bob amser. Nid oedd yr un o'r rhoddion yn rhywbeth y byddai rhywun yn gallu ei brynu mewn archfarchnad leol ym Meirionnydd. Cawsom wyau gwyddau, cosyn o gaws potsîn, bara nionod, pot jam, catwad medd a nifer fawr o eitemau eraill hyfryd a blasus. A phob un yn rhodd gan glerwr. Rhodd i dalu lle am lety, bwyd a diod. Byddai'r clerwyr yn aml yn aros am dridiau neu fwy, ond dyna oedd y 'tâl', a deuthum i werthfawrogi'r anrhegion bychan hyn yn fawr iawn.

Roedd disgwyl y byddem yn defnyddio'r rhodd fel rhan o bryd y noson ganlynol neu frecwast y bore wedyn bob amser. A byddai'r coginio, felly, yn beth cymunedol gyda'r tŷ cyfan wrthi'n coginio rhwng chwarae alawon.

Tybed ai dilyn traddodiad yn ymwybodol yr oedd y clerwyr hyn? Ynteu a yw'r traddodiad o glera yn denu unigolion sydd yn naturiol yn ymhél â bwydydd 'gwahanol' ac sydd yn mwynhau rhoddi'r bwydydd hynny'n anrhegion?

Mae dwy nodwedd arall sy'n ymwneud â bwyd a'r sesiynau gwerin, sef y bwyd a geir mewn ambell dafarn, neu mewn sesiwn cegin, a'r brecwast i ddilyn noson o sesiyna garw.

Dim ond ambell dafarn wnaiff gynnig pryd blasus i'r cerddorion. Yn ddiweddar, ar brynhawn Sadwrn yn y Sheps yn Felindre (ger Abertawe), roedd y tafarnwr eisiau gwagio'r dafarn ar ddiwedd y sesiwn gan fod y lle'n llenwi bob nos Sadwrn tua saith yr hwyr gyda gloddestwyr niferus. Byddai dod â'r gerddoriaeth i ben yn anodd gyda chriw o gerddorion a'u halawon yn hedfan, ond daeth y tafarnwr i'r fei gyda'r perswâd perffaith, sef plât yr un o sglodion, selsig (gan gynnwys rhai llysieuol i'r rhai â chydwybod!) a sos coch! Daeth y gerddoriaeth i ben heb fawr o oedi a phawb yn mwynhau llenwi eu boliau. Yr ateb perffaith.

Droeon eraill bûm yn ddigon ffodus i ganu mewn aml i sesiwn werin lle derbyniwyd pryd da o fwyd oddi ar y fwydlen a chael mwynhad mawr. Nid y lleiaf o'r rhain yw canu mewn priodas, wrth gwrs!

Ond dim ots pa mor flasus na graenus fo'r coginio mewn tafarn neu mewn brecwast priodas, y lle gorau am fwyd yw'r brecwast saim a fwynheir y bore wedyn ar daith gyda sesiynwyr eraill. Bydd taith i'r caffi saim agosaf yn bleser angenrheidiol i ddilyn pob sesiwn, a phawb yn teimlo'n well ar ôl ychydig o fara saim, tomato neu ddau, madarch ac ambell wy. Caiff y cigfwytawyr lafoeri dros eu pwdinau gwaed, tafell neu ddwy o gig moch a'r selsig mochyn. Ac yna daw'r baned berffaith. Coffi fydd y rhan fwyaf yn ei yfed y bore wedyn, wrth gwrs, ond yn gyffredinol daw'r sesiynwyr i yfed te gwych ac unigryw caffi saim. Pam mae paned o de cryf caffi saim yn blasu mor berffaith? Tybed oes rhywbeth yn yr aer sydd yn glynu wrth y cwpan i sicrhau'r blas unigryw ar ddisgled? Mae'r syniad yn peri i mi ddechrau holi mwy nag sydd o les, felly gwell yw peidio. Ond mae hi'n werth ystyried canolbwynt y brecwast, sef yr wy.

Clywais rywdro am lyfr oedd yn disgrifio cant ac un o ryseitiau gwahanol ar gyfer coginio wy. Cant ac un! Gredwch chi'r fath beth? Sut gall hynny fod yn wir? Dwi'n deall ei bod yn bosib ffrio wy mewn gwahanol ddulliau a chlywais gan gyfeillion a fu dros Fôr yr Iwerydd fod angen gallu ymenyddol doethur i archebu wy mewn ambell fwyty yno gan fod cynifer o wahanol fathau o wy 'di ffrio! Ond nid dyna mae'r llyfr hwn yn ei drin a'i drafod, felly sut gall yna fod dros gant o ddulliau i goginio'r wy syml?

Ffrio, potsio, sgramblo, omlet, berwi, wyau 'mae-o'n-neis' ac wyau Ynys Môn. Tybed a ystyrir wyau sgots fel dull arall? Wyau Ynys Môn yw'r gorau gen i, sef wyau wedi eu berwi a'u gosod mewn powlen ar ben gwaelod o gennin wedi eu ffrio a saws caws yn eu gorchuddio. Dwi'n glafoeri wrth ystyried y peth. Tybed a oedd wyau o'r fath yn draddodiadol ar Ynys Môn? Ynteu ai rhyw enw crand ar syniad syml ydyw?

Wy wedi'i ffrio sydd i'w fwynhau yn y brecwast-bore-wedyn gorau fel arfer, a hwnnw'n grimpiog o amgylch yr ymylon, y gwyn yn berffaith a'r melyn yn wlyb fel hufen yn rhedeg dros y plât i gyd. A does yr un o'r wyau hynny'n berffaith heb lwmp bach du o wn-i-ddim-beth yno'n seimllyd ar ben y gwynnwy. Beth yw'r fath lwmpyn bach du tybed? Mae caffis saim gorau'r wlad yn cadw'r peth yn gyfrinach mae'n siŵr!

Ond mae'r wy yn bwysig, heb os. Nid wy wedi'i ffrio ar badell yn araf deg nes bod y cyfan wedi caledu, nac wy wedi hanner ei losgi gan fod y fflam yn furboeth a dim digon o saim. Na. Mae angen wy sydd wedi cael gofal gan rywun a baratôdd y cyfan fel bod y saim yn wynias o boeth cyn tywallt yr wy yn ofalus i'w ganol, gan wrando arno'n clecian a hisian wrth iddo boeri'r saim yn ôl at law'r cogydd. Yna, wedi i'r gwynnwy ddechrau caledu rhaid tipio'r badell i grynhoi'r saim yn un ochr ac yna'i daflu gyda'r ysbodol dros yr wy er mwyn sicrhau bod y gwynnwy â'r un cyfansoddiad drwyddo draw, heb i'r melynwy galedu.

Hyfryd, hyfryd, hyfryd o gylch y ford gron!

Pant Corlan yr Ŵyn

Bu tri ohonom yn bysgio rywdro yng Ngŵyl Fwyd Aberaeron yn yr haul braf ar lan y cei hyfryd hwnnw. Chwiban, banjo a gitâr, gyda'r llais yn ychwanegu rhywfaint weithiau, a'r cyfan yn troi heddwch Aberaeron yn dymestl o jigiau a riliau. Bu'n benwythnos o losg haul, aflwydd o syched a rhai miloedd o Gymry Ceredigion yn dangos eu gwerthfawrogiad.

Ar fore Sadwrn, a ninnau'n ail-fyw y nos Wener fywiog yn un o dafarndai'r dref lle buom yn sesiyna hyd yr oriau mân, aethpwyd ati i fysgio tra oeddem yn eistedd ar un o'r meinciau ar ymyl y cei. Roedd yr haul yn furboeth unwaith eto ac er ei bod hi'n gynnar ar fore Sadwrn daeth torf fechan i sefyllian a gwrando gyda'u basgedi bara a'u bagiau siopa.

Er mai alaw draddodiadol Gymreig yw 'Rachel Dafydd Ifan', fe'i datblygwyd hi dros ddau ddegawd olaf yr ugeinfed ganrif i'w pherfformio mewn arddull llawer mwy Americanaidd a thebycach i gerddoriaeth *bluegrass*. Yn y math hwnnw o chwarae, saif y banjo ben ac ysgwydd uwchben yr offerynnau eraill gan arwain yr alaw ar wib. A minnau'n ymfalchïo yn yr alaw, yn y Cymreictod, ac wrth fy modd yn dangos fy hun ar y banjo pedwar tant, y gerddoriaeth yn hedfan yn dynn a chynulleidfa werthfawrogol yn llygadrythu ar bob symudiad, daeth ymwelydd annisgwyl.

O'r unlle glaniodd hylif gwyn ar ganol y banjo, yng nghanol croen y drwm. Yn sblats hyll ac yn llygredd anfoesol ar ein diwylliant a'n treftadaeth draddodiadol Gymraeg a Chymreig. *Seagull* oedd y diawl! Alla i ddim ei galw'n wylan gan fod yr enw hwnnw mor rhamantus a chywir yn *Cysgod y Cryman* a chan Dafydd ap Gwilym. Golyga 'gwylan' rywbeth gwahanol iawn i mi ac ni fyddai yr un wylan deg ar lanw, dioer, fyth bythoedd yn gallu anharddu banjo. *Seagull* oedd hon!

Cyn i'r un o'r gynulleidfa gael cyfle i roi hances bapur i mi i sychu'r banjo (yn rhyfeddol ddigon, doedd dim ôl o'r dom arna i, dim ond ar y banjo), dyma Geraint (Jacob) Roberts, heb oedi, yn datgan 'Every one's a critic.' Roedd y jôc yn gyfan gwbl arna i.

Yn ddiweddarach y diwrnod hwnnw, a'r banjo yn lân a swnllyd unwaith yn rhagor, aethom i ganu ymhellach i lawr y cei tuag at lan y môr. Yno daeth unigolyn atom i siarad. Mae hi bron yn amhosib chwarae offeryn alaw a siarad yr un pryd ac felly, ar ôl rhai munudau o godi aeliau ac ysgwyd pen yn wyllt, dyma gyrraedd diwedd y set alawon a chael cyfle i gael sgwrs.

Dyn o Lundain oedd hwn ac roedd yn dymuno gwneud cais am gân neu alaw arbennig. Nawr, mae hynny'n gallu bod yn boen i griw o sesiynwyr gwerin gan mai peth cyffredin iawn yw ceisiadau am ganeuon pop Saesneg neu ganeuon Gwyddelig: 'Can you play "Smoke on the Water"?' neu 'Do you know "Dueling Banjos"?'

Felly syndod o'r mwyaf i ni oedd ei glywed yn dweud 'Do you know "Pant Corlan yr Ŵyn"?'

Daeth gwên fawr i'n hwynebau! Pa ffawd ddaeth â'r dyn hwn draw i Aberaeron i wrando ar griw o fysgwyr mewn gŵyl fwyd hyfryd? Pa ragluniaeth oedd hyn? Roedd bron fel jôc fwriadol! Pa siawns oedd i ni dderbyn y fath gais o dan y fath amgylchiadau? O dan unrhyw amgylchiadau? Ac felly i ffwrdd â ni, gan chwarae'r alaw hwyliog, chwareus, ddawnsiadwy ac adnabyddus hon i'r ymwelwyr haf a'r Cymry lleol. Does dim llawer o alawon hyfrytach nac mwy ysgafndroed i'w cael yn y Gymraeg. Alaw syml sy'n caniatáu i'r nodau ddawnsio a rowlio yn ôl a blaen o amgylch y prif nodyn.

Ond twyll yw'r alaw lawen hon, a'r enw swyddogol arni yw 'Difyrrwch Dafydd y Garreg Las'.

Siôn Dafydd Lâs oedd bardd teulu'r Nannau ger Dolgellau yn ystod yr ail ganrif ar bymtheg. Roedd teulu'r Nannau yn berchen hefyd ar Gorsygedol yn Ardudwy ac yno rhoesant groeso unwaith i'r Brenin Siarl II. Gŵr o Lanuwchllyn oedd Siôn Dafydd Lâs yn wreiddiol ac roedd yn fardd uchel ei barch. Yn wir, roedd yn un o'r olaf o Feirdd yr Uchelwyr yng Nghymru ac o dan nawdd teulu'r Nannau fe gyfansoddodd gerddi mawl i'r teuluoedd bonheddig Cymreig i gyd, gan gynnwys marwnad i'r Brenin Siarl II.

I ni sesiynwyr, fodd bynnag, yr hyn sydd yn ddifyr yw fod Siôn Dafydd Lâs hefyd yn delynor amryddawn a daw rhywfaint o bleser o wybod bod y traddodiad barddol a'r traddodiad cerddorol yn cynnal ei gilydd hyd at dair canrif yn ôl. Ac roedd y gwŷr hyn yn cyfansoddi alawon a cherddi am ddigwyddiadau lleol llawen a thrasig.

Uwchben Corsygedol, ar odre'r Rhinogydd yn Ardudwy, mae Llyn Irddyn. Llyn y Derwyddon oedd yr enw gwreiddiol arno gan fod hanesion am dderwyddon yn myfyrio ar greigiau mawr yn yr ardal ac yn pysgota yno. Gerllaw Llyn Irddyn fe ganfuwyd, mewn pant corlan, gorff baban bychan a lofruddiwyd. Ni wyddom lawer mwy am yr achlysur ar wahân i'r ffaith bod Siôn Dafydd Lâs wedi cyfansoddi'r alaw 'Pant Corlan yr Ŵyn' i goffáu'r bychan.

Cofiwch hynny y tro nesaf y gwelwch chi wynebau llawen yn dawnsio i'r alaw ar y teledu adeg yr Eisteddfod!

Felly aethom yn ein blaenau a chwarae'r alaw, a'r gŵr Llundeinig i'w weld yn ddedwydd ddigon o gael ei ddymuniad; ninnau'n teimlo'n llawen ein bod wedi llwyddo i chwarae cais dieithryn; a phobl Aberaeron yn gwenu wrth fyned heibio, heb sylweddoli'r erchylltra oedd yn cael ei goffáu drwy gyfrwng cerddoriaeth ar eu cei yn yr haul yng nghanol yr ŵyl fwyd.

Ceir beddrod tu ôl i'r nodau – a galar
   Yn gêl rhwng y tannau,
   Er ei gur ni chlywir gwae'n
   Y diwn, does ond ei wenau.

Ymdaith yr Hen Gymry

Dychwelyd

I hunllef o weiddi swnllyd – hefru
    A lifrai chwerthinllyd
    A hurt, pob blwyddyn o hyd
    Yn wylaidd rwy'n dychwelyd.

Er geiriau y rhai gwirion – yr addo
    Dros ryddid a'u llwon,
    Er hwyliau eu cwerylon
    Dof eto nawr lawr y lôn.

A heriol yw yr holl daeru – ingol
    Ac angerdd eu canu
    A'u llith, ond dof at y llu
    Yn amrwd – ffŵl dros Gymru.

Er yr hirfaith areithiau – a rhethreg
    Aruthrol sloganau
    Yn brudd am ffydd a choffáu,
    Yno heno rwyf innau.

O wirfodd yn yr oerfel – yn ufudd
    Rhaid sefyll yn dawel,
    Pwy a ŵyr beth yw'r apêl?
    Ond och! Rhaid im yw dychwel.

Er yn onest, rhyw frenhinwr – nid wyf,
  A defod eithafwr
  Yn saff sydd ffolineb siŵr,
  I'w achos wyf fynychwr.

Mae oriau yng Nghilmeri – er yr oer
  A'r eira yn rhewi,
  Yn rhoi maeth, mae'n wefr i mi
  A'i neges yn f'ysgogi.

Unwaith bob blwyddyn caf y cyfle i ailwefru. Cael dianc rhag y byd a'i bethau a chael f'atgoffa am y rheswm dros fodolaeth y sesiynau gwerin. Unwaith y flwyddyn af i Gilmeri.

Dau ddiben sydd i'r sesiynau gwerin Cymreig i nifer ohonom ni. Cael hwyl a mwynhau ein hunain yw'r cyntaf. Ond aiff yr ail ymhellach at graidd ein bodolaeth, sef yr iaith Gymraeg a'r diwylliant Cymraeg.

Rhyfedd yw ceisio cyfiawnhau cerddoriaeth werin, a'i hanner yn ddi-iaith, drwy ddadlau achos yr iaith Gymraeg. Ond dyna'n union ydyw. Grŵp pync yr Anhrefn a'm galluogodd i sylweddoli hynny pan wnaethant y ddadl fod angen sicrhau lle'r gair 'cŵl' yn yr un frawddeg â'r gair 'Cymraeg'. Ond gwyddwn hefyd na fyddai ailgylchu cerddoriaeth Anglo-Americanaidd fyth yn gallu gwneud hynny. Pam gwrando ar ddynwaredwr os yw Elvis yn canu drws nesaf?

Er mwyn i gerddoriaeth Gymraeg ymddangos yn cŵl i ieuenctid mae angen iddi fod yn wahanol ac, os yn bosib, yn unigryw. Dyna beth sydd gan gerddoriaeth Geltaidd. Gwelwyd gan grwpiau fel y Pogues, Runrig a Shooglenifty fod posib darparu cerddoriaeth werin mewn arddull gyfoes. Does dim rheswm, ar wahân i ddiffyg dychymyg, pam na ellid clymu cerddoriaeth ddawns draddodiadol gyda bwm bwm cerddoriaeth ddawns gyfoes. Dyma'r cyfle i sicrhau cerddoriaeth draddodiadol gyfoes.

Er mwyn cael traddodiad byw lle gall grwpiau ifanc arbrofi'n llwyddiannus mae'n rhaid wrth ddiwylliant sesiwn byw, diwylliant diogel a hwyliog, a diwylliant lle gallant ddringo ar ysgwyddau'r sesiynwyr traddodiadol.

Ceir criwiau o gerddorion gwych iawn yng Nghymru sydd yn mynychu sesiynau yn rheolaidd ac sydd yn gwybod mwy o alawon na'r rhelyw, ond nid ydynt yn siarad Cymraeg. I mi, mae'r peth yn ocsimoron llwyr. Ni ellir cael y naill heb y llall. Aiff rhai ohonynt cyn belled â cheisio cyfieithu enwau'r alawon, felly fe glywir erthylod o frawddegau fel 'That one is called "Hunting the Hare"' ac ati. Mae'n ddigon i roi clwyf i ddyn.

Felly fe awn, criw ohonom, i Gilmeri. A dyna i chi brofiad dirdynnol yw hwnnw. Teithio i Gilmeri a cherdded caeau mwdlyd i'r gwasanaeth coffa yn Eglwys Llanynys. Eglwys fechan wyngalchog sydd yn diferu o awyrgylch hanes ydyw, a'r eglwys, yn ôl traddodiad, lle bu i'r Tywysog Llywelyn dderbyn ei eneiniad olaf. Yno ceir gair am hanes y lle, ceir offeren a phregeth fechan, ambell ddarlleniad am Gymru gyfan yn llyfu'r llawr ac ati, ac ambell emyn a chân. Daeth yn draddodiad yno i ganu caneuon gwerin gwladgarol cyfoes, a'r ffefryn gen i yw clasur Tecwyn Ifan, 'Y Dref Wen'.

Aiff pawb yn eu blaen wedyn i gymdeithasu yn Nhafarn y Tywysog Llywelyn yng nghanol Cilmeri. Oes, mae pob mathau o bobl yno. Eithafwyr o bob pegwn gwleidyddol, chwith, dde, anarchwyr, rhai milwriaethus, heddychwyr, gweriniaethwyr, arwyr, pobl gall a nytars! Maen nhw i gyd yno, a'r lle dan ei sang yn flynyddol.

Yn dilyn yr orymdaith fawreddog tu ôl i fand drymio ac yn ystod prif ddigwyddiad y dydd, sef y coffâd ger y gofeb urddasol a'r areithiau gwladgarol, bydd cyfle i gofio'r gwladgarwyr hynny a fu farw yn ystod y flwyddyn a fu drwy osod torchau perthnasol ar y maen hir. I sicrhau'r awyrgylch

Canu'r Farwnad yng Nghilmeri

hiraethus addas aiff Geraint (Jacob) Roberts gyda'r pibau
cod i ganu 'Marwnad yr Ehedydd'. Ac o! mae'n llwyddo i
greu iasau na ellir eu hanwybyddu'n hawdd.

Difyr yw'r defnydd o'r 'Dref Wen', cân am ganu Heledd a
Chynddylan ym Mhengwern, yng Nghilmeri, gan ei bod yn
cyfeirio at gyfnod hanesyddol hollol wahanol. A difyrrach
fyth yw'r defnydd o 'Farwnad yr Ehedydd', a ddaw o gyfnod
dipyn diweddarach. Cred rhai mai yr Hedydd oedd ffugenw
un o gadfridogion Owain Glyndŵr yn y bymthegfed ganrif a
bod y pennill cyntaf gwreiddiol yn sôn am siom a thrallod y
Cymry o feddwl ei fod wedi marw:

Mi a glywais fod yr Hedydd
Wedi marw ar y mynydd,
Pe gwyddwn i mai gwir y geirie
Awn â gyr o wŷr ac arfe
I gyrchu corff yr Hedydd adre.

Yn dilyn yr orymdaith anffurfiol yn ôl drwy bentref Cilmeri i'r dafarn, aiff rhai ati i gynnal noson lawen. Dechreuir gyda sesiwn bob blwyddyn – offerynwyr yn taro alawon ribidirês bob yn ail â chaneuon Cymraeg hwyliog a gwladgarol.

Yna bydd rhai o ddynion Byddin Rhyddid Cymru, neu'r FWA, yn penderfynu canu a daw'r clasuron o'r chwedegau:

Tramp tramp tramp the boys are marching
To sign up with the FWA...

Bydd chwerthin mawr a churo dwylo, cymeradwyaeth ac yna mwy o alawon gwerin. Cyn bo hir bydd rhywrai yn taro un o ganeuon Dafydd Iwan a daw'r lleisiau o bob cornel, 'er gwaethaf pawb a phopeth...'

Dynion yr FWA yng Nghilmeri

Heddiw dim ond y gwaddod – a erys
O wŷr y cyfamod;
Ond mae'n hydref eu defod
Waddol ffydd – mae'r dydd yn dod.

Yng Nghilmeri bob blwyddyn cawn weld gwerin gwlad yn dangos ei lliwiau. Prin iawn yw'r actorion, meddygon, athrawon, cyfreithwyr ac ati sydd yno. Drwy sgwrsio canfyddwn mai saer coed yw hwn, gweithio mewn lladd-dy mae'r nesaf, a'r nesaf wedyn yn yrrwr trenau. Yn y fan hon mae pobl eisiau cofio a dangos i'r byd eu bod yn Gymry. Eisiau dangos eu lliwiau. I aralleirio Saunders Lewis, efallai mai ffyliaid ydym un ag oll, ond mae pob un ohonom am fod yn ffyliaid dros Gymru.

Ychydig flynyddoedd yn ôl cefais y fraint o wario'r diwrnod yng Nghilmeri gyda Hywel Teifi, a oedd wedi cael gwahoddiad swyddogol i ddod i areithio a rhannu ei weledigaeth ef gyda'r byd. Daeth mewn *beret* coch ac nid anghofiaf fyth mohono yn tanio, yn tanbaid daranu am y deunaw, y deunaw symbolaidd fu'n ceisio gwarchod Llywelyn, a sut yr oedd hi'n hanfodol ein bod ninnau, yn ein dull ein hunain, yn ymddwyn fel y deunaw ac yn amddiffyn traddodiadau, diwylliant ac iaith Cymru tra byddom. O'i flaen roedd parti lliw, deunaw ohonynt, yn sefyll mewn lifrai yn gadarn gan gario ffaglau oedd ynghyn. Yn y dafarn wedyn roedd Hywel Teifi yn gwirioni ar y gerddoriaeth werin ac yn ymfalchïo ein bod yno o gwbl, heb sôn am y ffaith ein bod yn cynnal y traddodiad gwerin. Prynodd beint i mi – roedd yn gwrw gwych a phery ei flas hyd heddiw.

Nid aiff y sesiwn werin yng Nghilmeri yn ei blaen am oriau maith. Fel rheol bydd rhywbeth arall wedi ei drefnu ar gyfer tua'r wyth o'r gloch a bydd y cwrw'n dechrau cael y gorau ar ambell un. Byddaf i'n symud tua'r cerbyd am y daith adref ac yn ysgwyd llaw gyda'r hwn a'r llall cyn ymadael fel un yn gadael cartref ysbrydol am flwyddyn arall. Mi welaf nifer o'r bobl yma eto yn ystod y flwyddyn mewn ralïau, protestiadau a sesiynau gwerin, ond ni fydd yr un o'r achlysuron hynny yn cyflwyno fy Nghymru i ar blât yn yr un modd.

Un o'r alawon y cawn ei mwynhau yng Nghilmeri yn flynyddol yw 'Ymdaith yr Hen Gymry'. Tôn ymdeithio o ddifri yw hon a gofnodwyd gan Edward Jones (Bardd y Brenin) yn ei gyfrol *Bardic Relics of the Welsh Bards*, sy'n dyddio o 1794. Tybed a yw'r ffaith ei bod yn hen yn ôl ei theitl yn ystod y ddeunawfed ganrif yn awgrymu rhywbeth wrthym am ei hoedran? Ynteu ai dwyn alaw a rhoi enw

Cymraeg arni a wnaed? Ta waeth, mae'r alaw'n cydio. Cyn hir mae'r sesiwn gyfan yn dilyn y nodau a'r alaw'n hedfan. Daw ambell un o griw yr FWA draw i wylio a gwrando a dechrau taro'u dwylo'n hyderus, ac ar ôl ei chwarae sawl gwaith drosodd daw'r nodyn olaf i ben i gyfeiliant bonllefau ac un floedd gytûn:

'Cymru rydd!'

Clawdd Offa

Mae Geordie sy'n dwyn yr enw Tony Hodgson yn byw ym mharthau Dolgellau. Bu Tony'n dysgu Cymraeg hyd at ruglder ac yna dyrchafodd ei lygaid tuag at y mynyddoedd a phenderfynu ei fod a'i fryd ar ddysgu alawon gwerin Cymreig. Ni fu'n hir cyn ymuno gyda sesiynau gwerin y Stag yn Nolgellau a bu'n canu ei bib mewn ambell dwmpath dawns yma ac acw fel y gŵr â'r siaced fraith yn Hamlin gynt. Yna dechreuodd wneud ambell gìg gyda Gwerinos. Erbyn i Gwerinos droi'n grŵp oedd yn teithio o ddifri roedd Tony – 'Gwerinos' token Geordie' fel y'i disgrifiwyd gan y cylchgrawn *Taplas* – yn aelod cyflawn ac yn teithio'r gwledydd Celtaidd â'i bibau'n dawnsio'r alawon Cymreig.

Gwnâi Tony rywbeth cŵl iawn y gall chwaraewyr pib dun ei wneud na all y rhan fwyaf o gerddorion eraill ei wneud mewn sesiwn werin. Cyrhaeddai pawb arall y sesiwn yn drymlwythog â chistiau a chesys offerynnau – cesys gitarau, cesys banjos, ffidlau, mandolinau, tabyrddau ac ati – a'r rheini i gyd yn llenwi rhyw gornel wag ger y lle tân neu'r sil ffenest. Ond deuai Tony yn waglaw, gan gyrraedd y bar a chynnig diod i'r hwn a'r llall heb offeryn i'w weld yn agos

ato. Ac yna, pan ddechreuai'r gerddoriaeth, byddai Tony'n
estyn i mewn i boced fewnol ei siaced neu wasgod, tynnu
pib dun ohoni a dechrau ei chwarae'n syth. Onid dyna'r
symudiad mwyaf cŵl mewn sesiwn werin? Gallai Tony
gario'i bibau ar unrhyw adeg gan fod yn barod am unrhyw
achlysur cerddorol!

Roedd Tony yn ychwanegu llawer iawn at Gwerinos ac
at y diwylliant gwerin Cymraeg a Chymreig yn Nolgellau
a'r ardal; roedd yn gerddor, yn gantor, yn ddawnsiwr ac
yn gymeriad clên fyddai bob amser â gwên ar ei wyneb.
Brodor o Ddolgellau yw Tony erbyn hyn ac, fel y dengys ei
gân, mae'n fwy nag ymwybodol o'r rhwyg sydd yng nghanol
cymunedau y fro Gymraeg.

Cyfansoddodd Tony y gân yn nyddiau Gwerinos a
byddai'n ei chanu yn nhafarndai Dolgellau a'r ardal. Bu
cryn lewyrch arni. Roedd yn gân facaronig berffaith, a
phan welais Tony ddiwethaf yng ngwesty'r George yn
Llyn Penmaen ger Dolgellau yn 2012 cytunodd i'w chanu
unwaith yn rhagor. Gofynnais am gopi o'r geiriau a gwelir
isod yr ymateb a gefais. Ni newidiais ddim ar iaith yr e-
pistol na geiriau'r gân gan mai fel hyn y'u hanfonwyd ataf.

Pam mae caneuon macaronig mor hwyliog i'r
gwrandawr bob amser tybed? Mae'n amhosib gwrando ar
y gân hon mewn awyrgylch byw heb orfod cuddio gwên
neu chwerthiniad. Felly, rhaid cael y cyfle i'w chyhoeddi fel
hyn yn gofnod i'r oesoedd a ddêl o sefyllfa'r gymdeithas yn
Nolgellau ar ddechrau'r unfed ganrif ar hugain.

Hi Dylan,
O'r diwedd, y geiriau fy nghân. Nes i'r dau bennill gyntaf
mewn hanner awr pymtheg blwyddyn yn ôl, ond dwi newydd
gorffen y trydydd ddoe!! Dwi 'di neud dysyns o fersiwns dros y
blynyddoedd a dwi'n eitha hapus efo hon rwan. Diolch am y kick
up the arse!!
    Dwi'n drist weithiau am y polarisation rhwng y Cymry a'r
Saeson yn y dre (Ac yng Nghymru y gyd) a does dim llawer o

bobl sy'n trio pontio'r bwlch. Bydd yr ardal lot mwy bywiog
os roeddan ni'n canu yr un gân! Dreams of a dreamer eh? I've
lived around the world and found myself in the same situation
in other places. I'm a rootless bloke. Wherever I lay my hat...
Ha.

I do it in C on the little ukulele which works with my damaged
hand.

Love and peace!! Tony

Half a Hanner

Mae'r tywydd yn ddiflas iawn,
old women and sticks are thrashing down.
Dwi'n wlyb o ben i draed,
my spirit washed out with the ebbing tide.
Mae fy nghariad wedi mynd,
I've lost my lover, dwi 'di colli ffrind,
Dwi ddim yn gwybod pam,
was it summat I said or is it something that I am?
Dw'isio screchan fel y Diawl,
I just wanna run, I just wanna howl,
She said summat am fy ddrwg Cymraeg,
'Dwi ddim yn gallu dallt', I don't think she tried!!

Cytgan
Oh ho ho ho wyti'n clywed fy llais, I'm half a Cymro a hanner Sais!
Oh ho ho ho wyti'n clywed fy llais, I'm half a Cymro a hanner Sais!

Mi ganais i mewn band gwerin,
y pib wrth gwrs fy hoff offeryn,
Hogia da, hey am criw,
They didn't mind too much when I missed my..........
Oops ciw,
Gormod o Guinness yn hen Galway
where they smoke a lot of smoke and have a ****ing lot to say,
Lot of chwys, gwaed a straen
to make a record efo cwmni Sain.
Dyma sut ddysgais i'r hen iaith,
Never had so much fun in all my life,
Dwi yn gallu (bron iawn)
to natter bout what matters in this funny little town.

Cytgan
Oh ho ho ho wyti'n clywed fy llais, I'm half a Cymro a hanner Sais!
Oh ho ho ho wyti'n clywed fy llais, I'm half a Cymro a hanner Sais!

Dwi yn Mister Canol y Ffordd,
    Dodging the traffic, so bloody torn,
Gawn ni llenwi'r bwlch rhwng y dau fyd?
    Can we join up and fix the people's need?
Dwi 'di croesi'r bont, does dim ffordd yn ôl,
    But of petty politics, dwi 'di cael llond bol.
My religion is love, Y byd fy ngwlad!
    Y tir fy mam, Y môr fy nhad!!

Cytgan
Oh ho ho ho do you hear me Lordy? I'm half a Cymro a hanner Geordie!
Oh ho ho ho do you hear me Lordy? I'm half a Cymro a hanner Geordie!

Tony Hodgson

Bryniau Iwerddon

Yng nghefn un o faniau Gwerinos tra oeddem yn teithio Iwerddon roedd Tony a'i feic. Nid siwrnai gyffredin mohoni o'r dechrau un. Roedd y diweddar annwyl Gwilym John Owen (neu Gŵji fel y'i gelwid) am ein gyrru yn un o'i faniau rhydlyd. Prin bod y fan yn gallu mynd i fyny bwlch Dinas Mawddwy heb sôn am deithio i ben draw Iwerddon! Wedi clywed gan rywrai nad oedd y fan yn ddiogel a bod criw o yfwyr yn Ninas Mawddwy wedi gorfod ei gwthio i fyny'r bwlch un noson, penderfynodd Ywain Myfyr fynnu gair gyda Gŵji.

'Gwilym John Owen, ydach chi'n credu neith y fan yma fynd â ni yr holl ffordd i Galway ac yn ôl dudwch?'

'Duwcs, neith, dim problem. Tydi hi'n mynd o Ddolgellau i Penrhyn[deudraeth] bob dydd?'

Roedd gan un o deulu Gŵji gwch yn harbwr Bermo ac roedd yn torri ei fol eisiau i'r grŵp cyfan, a'r fan, fynd i Iwerddon ar y cwch!

Ond drwy Gaergybi yr aeth y daith y flwyddyn honno, mynd ar goll yng nghanol lonydd cul Ynys Môn a Gŵji'n dychryn perchennog gorsaf betrol drwy smocio sigâr tra oedd yn arllwys petrol i'r fan a ninnau i gyd ynddi.

Roedd Gwilym John Owen yn gaffaeliad i'r daith, yn llawn hwyl ac yn cymryd rhan yn y sioeau. Er nad oedd neb ond y grŵp yn ei ddeall, byddai'n codi ar ei draed yng nghanol sesiwn ac yn adrodd hen faledi hirfaith a digrif mewn arddull o'r oes a fu, gan godi'r to gyda'i hiwmor a'r gymeradwyaeth. Mae'n anodd credu erbyn heddiw ei fod wedi gallu cofio'r holl gerddi hir, ac roedd ei ddull o adrodd yn ffres o henffasiwn. Byddai'n sefyll yno ac yn edrych i'r chwith at y gynulleidfa yn y gornel honno o'r ystafell, cymryd ei anadl cyn edrych i'r dde at y gynulleidfa yn y gornel arall, ac yna'n symud yn ei flaen i'r pennill nesaf.

Credaf i Tony'r Geordie fwynhau ei gyfnod yn canu, recordio a theithio gyda Gwerinos wedi iddo ddysgu'r Gymraeg yn rhugl a dysgu'r alawon yn berffaith ar ei chwibanogl. Un llawn antur fu Tony erioed, ac mae'n parhau i redeg mynyddoedd a marathonau ac ati yn rheolaidd. Y tro hwn roedd wedi penderfynu codi arian at elusen y deillion drwy seiclo o Galway ar hyd yr arfordir yr holl ffordd i fyny at Donegal, dilyn glan y môr ar hyd arfordir y gogledd cyn dychwelyd ar hyd y glannau nes cyrraedd Dulyn ac yna, wedi croesi i Gaergybi, beicio yn ôl i Ddolgellau. Roedd pawb wrth eu boddau yn cefnogi'r achos, wrth gwrs, a daeth yr antur â mwy o gyhoeddusrwydd i daith gerddorol Gwerinos ar draws Iwerddon.

Taith wych oedd taith Iwerddon, gyda thafarndai a neuaddau llawn yn gwirioni ar yr alawon Cymreig. Buom i lawr yn Swydd Clare yn canu ym mar O'Looneys. Dyna dafarn ryfeddol, a'r unig le erioed i mi weld diwylliant gwerin yn tra-arglwyddiaethu o ddifri. Tra oeddem yn sesiyna yno soniodd rhywun bod gŵr ifanc wrth y bar oedd yn bencampwr Iwerddon ar chwarae'r ffidil. Euthum ato a'i holi ac wedi iddo wrido a gwadu bu cryn ddwyn perswâd arno i ymuno â'r sesiwn. O'r diwedd, gofynnodd i'r wraig tu ôl i'r bar am ffidil sbâr – yn yr un modd ag y byddem ni yng Nghymru yn gofyn am set o ddartiau i chwarae gêm. Ac yn siŵr i chi, roedd ffidil handi yno o dan y bar yn barod i'w chwarae'n wych!

Daeth diwedd y daith arbennig honno a ninnau i gyd ar

fore Sul wedi'r nos Sadwrn yn nhafarn y Roisin Dubh yn llyfu ein clwyfau dros beint o win y gwan a brecwast llawn.

Roeddem yn gorfod gadael Galway am un o'r gloch y prynhawn er mwyn cyrraedd y cwch am Gaergybi ar amser ac roedd Gwilym John Owen yn daer eisiau sicrhau ein bod yn dal y cwch heb unrhyw drafferth. Ond roedd digon o amser ac roedd trefniadau yn eu lle i ffarwelio â Tony ar ei feic yn gyntaf. Felly allan â phawb o'r dafarn at lan rhyw afonig fechan lle roedd y llwybr beicio yn cychwyn. Yno roedd maer Galway a chyfryngau radio, teledu a gohebwyr papurau newydd lleol ac ati, i gyd eisiau sgwrs fer gyda Tony a llun neu dri ohono ar ei feic, a phawb yn sefyll tu ôl iddo'n cymeradwyo.

Gwyliasom Tony yn pedlo tua'r gorwel gan droi i godi llaw yn achlysurol. Roedd rhyw ddwyawr yn weddill gennym, felly yn ôl â phawb i'r dafarn i ffarwelio'n iawn â'n cyfeillion Gwyddelig. Diflannodd y ddwyawr yn rhy gyflym o lawer a chyn troi roedd Gwilym John Owen yn galw arnom i gyd, 'Paciwch eich bagiau, bois, mae'n amser mynd.'

Dyma gadw'r offerynnau yn eu cistiau a chychwyn allan at y fan gan ffarwelio'n swnllyd gyda'r Gwyddelod. Sefyllian wedyn tu allan yn yr haul yn disgwyl cael pacio'r fan gyda'n hofferynnau. 'Iawn, gan bwy mae'r goriad?'

Roedd Tony, ddwyawr ynghynt, wedi teithio ar ei feic ar hyd llwybr beicio'r arfordir a thros fryniau Iwerddon gyda'r allwedd ym mhoced ei din!

Croesawiad Gwraig y Tŷ

Nid yw pob sesiwn yr un peth. Yn wir, yn yr un modd â chwrw chwerw cynnes Cymreig, rhan o hud y sesiwn yw fod pob un â blas gwahanol ac yn meddu ar ei hwyliau ei hun. Ac o'r herwydd, mae gan sesiynau eu harferion a'u defodau eu hunain. Felly, amhosib fyddai gosod rheolau ar gyfer ymuno â sesiwn neu wrando arni a'i gwylio, ond mae *etiquette* i'w ystyried bob amser. Os am groesawiad cynnes gan wraig y tŷ, dylid ceisio dilyn yr *etiquette* gystal â phosib.

Felly pa ddefodau neu arferion sydd angen eu cydnabod? Gall yr arferion fod yn wahanol ym mhob lleoliad a dwi'n amau, pe byddai rhywun arall yn sgwennu hyn, y byddent yn arddel barn wahanol iawn. Pinsied o halen (a phupur) felly!

Yn gyntaf, mae lle gan y tafarnwr i groesawu mewn dulliau syml. Y cyntaf o'r rheini yw sicrhau bod lle i eistedd wedi ei gadw ar gyfer y cerddorion. Cadeiriau o amgylch bwrdd sydd yn ddelfrydol, ond gwerthfawrogir unrhyw le i eistedd. Bydd ambell dafarnwr hael yn cynnig bwyd a thacsi i'r hogiau, ond yr unig beth sydd yn angenrheidiol yw ambell beint i'r cerddorion. Does dim angen gor-wneud hynny ychwaith. Os yw'r dafarn yn wag yna mae peint yr un yn ddigon. Ond os yw'r dafarn yn orlawn dylid cynnig cwrw cyfeillgar yn achlysurol drwy'r nos. Os yw'r tafarnwr eisiau i'r cerddorion ddychwelyd, mae croeso cwrw yn un ffordd sicr o'u denu.

Angenrheidiol hefyd yw tafarnwr clên. Profiad digon annymunol rai blynyddoedd yn ôl oedd cael tafarnwr yn gwthio'i ffordd heibio'r cerddorion gan darfu ar y gerddoriaeth a rhegi dan ei wynt wrth wneud hynny. Gallaf sicrhau na fydd y criw am ddychwelyd yno.

Os ydych yn ymweld â sesiwn, gwnewch yn siŵr mai dim ond os bwriadwch chwarae yn y sesiwn y byddwch yn eistedd ymhlith y sesiynwyr. Os mai gwrando yw eich bwriad, ystyriwch fod cerddorion am eistedd wrth ymyl ei gilydd i chwarae. Mae croeso bob amser i chi ddod draw i gynnig peint i'r cerddorion, wrth gwrs!

Fel rheol mewn sesiwn, mae mwy na chroeso i bobl siarad yn ystod y chwarae; yn wir, fel rheol mae disgwyl i'r gynulleidfa fod yn mwynhau eu hunain a chael sgwrs. Does dim gwaeth na thawelwch cyngerdd mewn sesiwn werin! Ond mae un eithriad i'r rheol hon. Pan fo unigolyn yn dechrau cân yn ddigyfeiliant (neu 'ganu sych' fel y'i gelwir) disgwylir i bawb dawelu a gwrando. Saif y rheol hon ar draws y gwledydd Celtaidd. Anaml y mae angen gweithredu'r fath reol gan fod y peth yn digwydd yn naturiol fel arfer. Ond weithiau nid y gwrandawyr yw'r broblem.

Os yw cantor yn dewis dechrau canu'n sych (neu'n ddigyfeiliant) golyga hynny yn amlach na pheidio mai dyna ei ddewis. Gwell a rheitiach yw gadael iddo ganu yn ddigyfeiliant mewn dull traddodiadol a gwrando'n astud na cheisio rhoi cordiau gitâr ar hap neu geisio chwarae drôn ar ffidil neu bibau. Daw caneuon lle bydd angen i'r offerynwyr gyfeilio'n iawn, 'Moliannwn' neu 'Milgi Milgi' neu debyg. Mwynhewch y rheini â brwdfrydedd egnïol. Ond yr alawon gwerin traddodiadol? Gwrandewch a gwerthfawrogwch! 'Nid gwiw canu i'r byddar' meddai'r hen ddihareb.

Hoffai rhai ddefnyddio tâp neu beiriant digidol i recordio sesiwn ar gyfer cyd-chwarae gartref ac i ymarfer. Fel arfer mae croeso mawr i hynny ddigwydd, ond bod angen gofyn caniatâd yn gyntaf, wrth gwrs. Gofynnwch a chwi a gewch! Os ydych am ymuno yn y sesiwn, ond eich bod yn ansicr, sefwch yn ôl a gwyliwch. Neu eisteddwch ar ymyl y sesiwn gan gymryd eich amser i fwynhau a gwrando i gael gweld sut mae'r sesiwn yn gweithio. Pan fyddwch yn barod i ymuno, mynnwch air gydag un o'r cerddorion a gofyn caniatâd. Ni welais neb erioed yn cael ei wrthod rhag ymuno â sesiwn ac mae'n annhebygol iawn y digwydd hynny i neb. Fel rheol, mae un cerddor sydd yn arwain sesiwn, a gofyn i hwnnw neu honno yw'r peth callaf i'w wneud.

Wedi ymuno, peidiwch byth â mynd ati i ddangos eich hun, oni bai eich bod â'ch bryd ar wneud gelynion! Mae rhai sesiynau o wahanol safon i'w cael ar hyd ac ar led y wlad. Yn y sesiynau o safon uchel mae'r alawon yn hedfan ar frys mawr a chriw da o gerddorion yn llosgi'r offerynnau gyda chyflymder eu chwarae. Ceir sesiynau symlach weithiau gyda'r safonau ychydig yn is. Yn aml yn y sesiynau hynny ceir mwy o hwyl, mwy o ganu a llawer mwy o gwrw! Nid yw'r gerddoriaeth o'r un safon, ond haws yw ymuno a mwynhau. Y sesiynau i ddysgwyr ymuno â hwy yw'r sesiynau araf a drefnir yn arbennig ar gyfer dysgu alawon.

Mewn sesiwn ddieithr dylid disgwyl i'r prif gerddor neu un o'r cyfeillion eich gwahodd i ddechrau alaw. Byddai arwain alaw heb wahoddiad mewn sesiwn ddieithr yn anfoesgar ac, o dderbyn gwahoddiad, y peth doeth yw peidio ceisio chwarae alaw wahanol i ddangos eich hun – gallai greu gelynion o gerddorion nad ydynt yn gyfarwydd â hi. A pheidiwch anghofio'r rheol aur: peidiwch dechrau alaw oni bai eich bod gant y cant yn siŵr eich bod yn mynd i allu ei chwarae drwyddi sawl gwaith a'i gorffen! Mae siawns bob amser na fydd neb arall yn gwybod eich alaw ac y bydd angen i chi ei chwblhau eich hun.

Daw alawon mewn setiau yn aml. Set yw cyfres o alawon a chwaraeir mewn rhes, ac mae teimladau cymysg am setiau mewn gwahanol sesiynau. Os ydych chi'n chwarae mewn sesiwn lle mae setiau yn gyffredin bydd disgwyl i chi, os ydych wedi arwain alaw, ddewis yr alaw nesaf yn y set yn syth ar ôl y gyntaf, ac efallai drydedd alaw hefyd! Byddwch yn barod am hynny.

Ond ar ôl eich tro, dylech roi'r gorau iddi gan ganiatáu i'r sesiwn ddychwelyd i chwarae rhagor. Os oedd eich ymgais gyntaf o unrhyw werth, daw cyfle arall ar wahoddiad yn fuan.

Ar wahân i sesiynau araf i ddysgwyr, lle ceir copïau o alawon ar bapur i'r cerddorion (y 'dots' fel y'u gelwir yn aml mewn sesiynau), nid oes croeso mewn sesiynau i lyfrau alawon nac i gerddoriaeth ysgrifenedig. Traddodiad 'llafar' o ddysgu alawon mewn sesiynau yw'r traddodiad yn dal i fod. Oes, mae cyfleon i ddysgu ac ymarfer mewn mannau eraill ac fel y dywedodd cerddor unwaith wrth griw o gerddorion newydd mewn sesiwn, 'Gartref mae ymarfer!' Efallai mai ffug ar adegau yw'r traddodiad llafar hwn, ond mae disgwyl bod pawb yn chwarae ei ran yn y dasg o ddatblygu'r traddodiad.

Nid y sesiwn yw'r lle i arbrofi gyda'r gyfalaw honno yr ydych wedi bod yn ei chwibanu am ddyddiau, na'r harmoni neu'r cyfeiliant gitâr arbrofol hwnnw a welsoch ar y teledu neithiwr. Nid y sesiwn ychwaith yw'r lle i chwarae alawon jôc neu chwarae rhywbeth 'eironig'. Cadwch eich eironi ar gyfer y noson honno gyda'ch cyfeillion, nid y sesiwn lle nad yw pawb o reidrwydd yn rhannu'ch 'hiwmor'! Ac nid y sesiwn yw'r lle i ddysgu alaw newydd neu i ymarfer alaw am y tro cyntaf. Does dim byd gwaeth na chlywed rhywrai yn ymbalfalu am nodau rhyw hanner eiliad ar ôl pawb arall yn y sesiwn!

Mae sesiynau yn gyfle gwych i glywed alawon newydd ac i ddod yn gyfarwydd â hwy, ond nid y sesiwn yw'r lle i'w dysgu. Efallai mai dyna paham mae aml i gerddor yn buddsoddi mewn recordydd bychan er mwyn gallu gwrando gartref ac ymarfer ychydig gyda'r tâp.

Mae gan bob sesiwn ei harferion ei hun hefyd o ran trefn alawon a chaneuon. Bydd rhai sesiynau yn arwain yn naturiol at alaw a chân bob yn ail, tra bod y rhan fwyaf yn dueddol o droi at gân ar ôl tua tair neu ragor o alawon. Felly bydd sesiynau yng Nghymru fel rheol yn cynnwys tua ugain set o alawon ac oddeutu saith cân. Anaml iawn, iawn y bydd y glorian yn tipio tuag at ganeuon oni bai ei bod yn sesiwn ganu fwriadol.

Weithiau, wrth i sesiwn dynnu tua'r terfyn, daw mwy o ganu i'r fei yn naturiol. Yn aml bydd hynny'n fwriadol er mwyn ceisio rhoi noson dda o 'ganu mawr' i'r trigolion lleol yn y dafarn. Bydd y rhan fwyaf o sesiynau yn croesawu hynny, yn enwedig os daw hwyliau mawr i ddilyn y canu.

Wrth i griw'r dafarn fynd i hwyliau, byddant weithiau yn troi at ganu emynau. Mae teimladau cymysg iawn ynglŷn â hynny mewn sesiynau yng Nghymru. Mae rhai'n ystyried emynau fel yr hen elyn a fu'n gyfrifol am geisio llofruddio'r traddodiad gwerin Cymreig, tra bod eraill yn haeru mai'r capel ac nid y dafarn yw lle'r emyn, yn enwedig o gofio mai emynau dirwest yw rhai ohonynt. Yn bersonol, tueddaf i dderbyn canu ambell emyn gan gydnabod eu lle yn y traddodiad gwerin bellach ac, fel y dywedodd William Booth (1829–1912), sylfaenydd Byddin yr Iachawdwriaeth, 'Pam ddylai'r diafol gael yr alawon gorau?' Ond y perygl o dderbyn un neu ddau yw i'r criw fynd ati i ganu rhagor yn ribidirês, gan atal y cyfle prin sydd i'w gael i ganu alawon a chaneuon gwerin traddodiadol. Y ddawn mewn sefyllfa felly

Moliannwn!

yw canu ambell gân draddodiadol a fwynheir gan bawb yn gynulleidfaol er mwyn tynnu'r canu yn ôl at y sesiwn werin, caneuon fel 'Moliannwn', 'Sosban Fach' neu 'Dai Bach y Soldrwr', er enghraifft (sylwer mai 'soldrwr' ac nid 'soldiwr' oedd y term cywir, a'i wreiddiau yn y gwaith tun yn ardal Llanelli).

Bydd y rhan fwyaf o sesiynau Cymru, ond nid pob un, yn dilyn yr arfer o chwarae pob alaw drwyddi dair gwaith cyn symud ymlaen i'r nesaf. Weithiau fe chwaraeir ambell alaw sawl gwaith drosodd. Fel arfer bydd alawon yn cael eu chwarae yn y dull AABB, sef rhan A ddwywaith a rhan B ddwywaith. Bydd yr arweinydd yn gosod cyflymdra ar y dechrau a chall yw dilyn stamp yr arweinydd heb gyflymu nac arafu oni bai bod yr arweinydd yn arwain yn fwriadol at hynny.

Weithiau bydd posib i chi ganfod eich hun mewn sesiwn lle rydych chi'n well cerddor na'r arweinydd. Os ydych am gadw'n gyfeillgar gyda chriw'r sesiwn, doeth yw peidio dangos doniau a dangos eich hun! Does neb yn hoffi rhywun sydd yn well na fo'i hun!

Yn yr un modd, os ydych chi'n mynychu sesiwn gyda chyfeillion sydd yn aelodau o fand gwerin, cofiwch nad gìg ydyw hon, nid cyfle i ddangos eich hunain a thaflu trefniadau clyfar o alawon o amgylch y lle. Peth cymunedol yw sesiwn, nid lle i griw bach dra-arglwyddiaethu.

Mae *etiquette* hefyd ynglŷn â sŵn mewn sesiwn werin! Os ydych am diwnio offeryn, ewch i wneud hynny'n dawel yn y cefndir heb darfu ar y sesiwn o gwbl. Os yw'r sesiwn ar fin dechrau a phawb yn tiwnio, peidiwch â dechrau chwarae alaw ar draws y tiwnio – does dim byd yn fwy rhwystredig!

Os yw pobl am siarad, gwneir hynny yn y bwlch rhwng alawon pan fo pawb yn mwynhau llymaid o gwrw. Yr amser hwnnw yw'r cyfle i holi enwau alawon neu i drafod y chwedl am dylwyth teg yn dysgu'r alaw arbennig honno i'r gwehilion lleol!

Mae'n werth cofio sensitifrwydd sŵn hefyd wrth drafod offerynnau. Y rheol amlwg gyntaf yw: os ydych chi'n canu offeryn swnllyd fel banjo, pibau cod, acordion neu gyffelyb, peidiwch ag eistedd drws nesaf i'r gŵr sy'n canu'r delyn fach Geltaidd neu'r crwth traddodiadol. Bydd eich offeryn yn boddi unrhyw nodyn ddaw o enaid y cerddor sy'n eistedd wrth eich ymyl! Saif hynny'n wir am y *bodhran* hefyd. Ni ddylai fod mwy nag un *bodhran* neu dabwrdd yn cael ei golbio ar yr un pryd mewn sesiwn tra chwaraeir alawon. Nid sôn yr wyf yma am yr adegau hynny lle mae'r chwaraewyr *bodhran* a'r bongos ac ati i gyd yn cyd-ddyrnu hyd eithaf eu galluoedd prin, ond yn hytrach am yr adegau pan fo un offeryn rhythmig yn ddigon o gyfeiliant i gitâr ac offerynnau alawol eraill. Fel y dywedai arwydd ar wal Balnain House yn Inverness, cyn-ganolfan cerddoriaeth draddodiadol yr Alban, 'Bodhrans should be seen and not heard.'

Arferion, defodau a disgwyliadau yn unig yw'r uchod ac maent i gyd yn amrywio o un sesiwn i'r llall. Yn wir, ceir gwahaniaeth mawr iawn hefyd rhwng sesiynau Cymru a'r Alban, Lloegr ac Iwerddon. Traddodiadau gwahanol sydd i'w gyfrif am hynny, mae'n debyg. Serch hynny, mae un rheol hollbwysig sydd yn wir ym mhob gwlad ac ym mhob sesiwn y bûm i ynddi erioed: peidied neb â gafael yn offeryn neb arall a ffidlan gydag ef heb eu caniatâd. Os yw'r perchennog yno, ger y bar, yn y tŷ bach, yn cael sgwrs a mwgyn tu allan, lle bynnag y bo, y peth callaf i'w wneud yw peidio cyffwrdd y gitâr, ffidil, mandolin, chwiban, *bodhran*, tabwrdd, acordion, banjo, telyn nac unrhyw beth arall heb gael cadarnhad a chaniatâd clên a moesgar y perchennog. Gall rhai o'r offerynnau hyn fod yn werthfawr dros ben a bydd angen morgais arnoch i dalu am unrhyw ddifrod!

Nid yw'n arferol gorffen gyda'r anthem, ond gwneir hynny weithiau. O brofiad personol, gwell yw codi i barchu'r anthem leol, pa bynnag un yw honno, jest rhag ofn! Soniais eisoes am beryglon peidio â gwneud hynny.

Gormod o reolau, felly? Gormod o ddefodau ac arferion? Digon i droi dyn yn ddwl ac anniwylliedig? Wel, efallai'n wir, ond wyddoch chi, y rhyfeddod yw, drwy'r holl reolau hyn, yng nghanol y sesiwn waraidd, hwyliog lle ceidw'r Gymraeg a'r traddodiadau eu tir, a lle mwynheir ambell beint a jôc, yno yn y canol mae hwyl go iawn i'w chael... Cofiwch eich plectrwm!

Dili Dwd

Noson o sesiwn unwaith eto a'r tro hwn doedd dim rhaid cerdded ymhell, dim ond deng munud o'r tŷ. A hithau'n oer, dyma wisgo cardigan ddu a'i throi hi allan i'r tywyllwch.

Mae teithio i sesiynau yn her reolaidd gan fod y ddeddf synhwyrol ar yfed a gyrru yn nadu teithio pell neu'n gosod costau tacsis ar y criw. Gyda synnwyr, fe wnaiff pob grŵp call ddewis llwyrymwrthodwr i fod yn aelod o'r band gan fod y cyfaill teg hwnnw, yn gyfleus iawn, yn gallu rhoi pàs i bawb yn ôl a blaen i sesiwn neu gìg!

Mae defnyddio trafnidiaeth gyhoeddus yn un dull cyfleus, wrth gwrs, ond collais gyfrif ar sawl gwaith y collwyd y bws olaf yn ôl adref i lawr y cwm o Ystradgynlais neu o Bontardawe! Felly nid yw'n ddelfrydol o bell ffordd. Ond ar y llaw arall, mae'n berffaith er mwyn cario'r sesiwn yn ei blaen. Bûm mewn sesiwn lewyrchus ddigon ar fws ac ar drên yn y gorffennol, gydag un ohonynt yn ddigon llewyrchus i'r gyrrwr bws roi ein harian yn ôl i ni ar ddiwedd y daith!

Pan ddechreuir sesiwn ar fws neu drên ceir peth hwyl yn gwylio ymateb y teithwyr eraill: yr wynebau llawn syndod pan ddechreuir agor cistiau'r offerynnau, eraill yn bryderus ein bod am chwalu'r awyrgylch gyda bloeddio pyncaidd, ac yna'r rhyddhad a'r syndod gyda thraw nodau cyntaf jig neu rîl a phawb yn dechrau rhyfeddu. Yna'r ymateb – cymeradwyaeth ar ddiwedd alaw, rhai'n dweud pethau fel 'This reminds me of my holidays in Greece' a phethau gwirion cyffelyb. Ar un achlysur aeth cap o amgylch y bws gan ein cyrraedd gyda chelc sylweddol wedi ei gasglu.

Ar un o'r teithiau hyn, fodd bynnag, y collodd Geraint (Jacob) Roberts ei chwibanau i gyd gan iddo eu gadael ar y bws, ac er chwilio a chwilio ni ddaeth y chwibanau i'r fei byth wedyn. Rhaid oedd iddo fyned ati i brynu chwibanau bob yn un dros gyfnod o rai misoedd. Bu cryn amser cyn iddo allu canu alaw yng nghywair F wedi hynny!

Ymddengys hefyd, o ddarllen hen hanesion, nad her newydd yw hon. Roedd Robin y Delyn yn delynor uchel ei barch o Flaen y Wern yn Llandrillo, ac ar ôl canu'r delyn yn ffair y Bala rywdro fe gerddai yn go simsan yn ei gwrw tuag adref. Cariai'r delyn ar ei gefn ar hyd y ffordd newydd a adeiladwyd beth amser ynghynt. Disgrifir ei gerddediad am adref yn *Llyfr y Cerdd Dannau*: 'Yr oedd ei delyn ar ei gefn, a cherddai yntau o glawdd i glawdd dipyn yn honco, wedi bod, mae'n debyg, yn canu mewn rhyw ffair neu wylmabsant.' Daeth y sgweier lleol ato, sef Bell Llwyd, yr un a fu'n gyfrifol am adeiladu'r ffordd newydd, gan ddweud 'Robin, yr oeddwn i yn meddwl fy mod wedi gwneud y ffordd yma yn bur lydan, ond mi wela nad ydi hi ddim yn ddigon llydan i ti eto.' Atebodd Robin ef ar ei ben, 'Yn wir, syr, tase chi wedi ei gwneud hi yn gulach mi faswn i'n gallu mynd adre'n llawer cynt ar ei hyd-ddi!'

Felly, allan â mi i'r oerfel a cherdded canllath o'r tŷ yng nghanol ardal boblog Treforys heibio goleuni'r tai a'r bobloedd yn gwylio'u *X Factor* neu beth bynnag. Ac yno yn cerdded tuag ataf roedd llwynog. Gwelais lawer llwynog yn Abertawe wrth yrru o amgylch y ddinas, ac i ddweud y gwir roedd Bob, y gofalwr yn fy ngweithle yn Nhrefansel, yn bwydo teulu o gadnoid yn feunyddiol. Ond welais i erioed lwynog mor ddof a balch yn cerdded yn herfeiddiol yn syth tuag ataf fel hyn o'r blaen.

Dywed arbenigwyr fod y boblogaeth llwynogod yn Abertawe wedi cynyddu'n sylweddol dros y degawdau diwethaf a bod niferoedd sylweddol i'w cael ar draws y ddinas. Tra bod rhai eisiau eu gwaredu, pery eraill i'w bwydo'n feunyddiol a mwynhau eu gwylio'n nosweithiol. Deallaf fod perygl i lwynogod darfu ar fagiau sbwriel, udo ac aflonyddu yn gyffredinol gyda'u carthion ac ati, ond yn gyffredinol peth annaturiol iawn a digwyddiad eithriadol brin wrth amddiffyn ei hun yn unig fyddai i lwynog ymosod ar ddyn. Serch hynny, ni liniarwyd dim ar fy ofnau wrth i'r cadno hwn agosáu.

Daeth o fewn tair medr i mi heb frys na braw. Yna, heb unrhyw arwydd o ofn, trodd a cherdded i fyny'r llwybr o fy mlaen yn eofn tuag at Dreforys. A'm meddyliau innau yn cael eu tynnu at Siôn Blewyn Coch ac yna at yr *American Werewolf* fe'i dilynais ar fy nhaith. Wedi rhyw ddeg medr o gerdded eto at ardal dywyll, ddiolau, trodd yn sydyn a rhedeg i mewn i'r coed a'r tir gwyllt oedd yno.

Rhoddais ochenaid o ryddhad a rhyw hanner sgipio ymlaen tuag at oleuni'r brifffordd a'r byd anwaraidd a elwir yn wareiddiad. Erbyn cyrraedd y dafarn roeddwn wedi anghofio am y peth yn llwyr a phrin i mi sôn o gwbl am yr achlysur. Er, nid oedd gen i ddewis ond canu'r gân 'Dili Dwd' tra oeddwn yno!

Ond wedyn, wrth gwrs, a hithau'n hanner nos, roedd yn rhaid i mi ei throi hi a cherdded yn ôl yn sigledig ar hyd y llwybr tuag adref. A'm gwynt yn fy nwrn, euthum heibio i'r fan gan ddefnyddio fy ffôn fel fflachlamp, ond y tro hwn ni welais yr un dim byw a bu tawelwch. 'Digwyddodd, darfu, megis seren wib.'

Ond gwn ei fod yno yn fy ngwylio i'n pasio heibio.

Cân yr Ysbrydion

Nid oes y fath beth ag ysbrydion fel yr ydym ni yn eu dychmygu mewn straeon arswyd neu ffilmiau a grëir yn unswydd i'n dychryn. Cefais addysg wyddonol a thrwy hynny ryw sinigiaeth a barn realydd ar bethau o'r fath. Ond yn yr un modd â T. H. Parry-Williams yn ymateb i ymholiad am dylwyth teg, pwysig yw cydnabod, er nad oes y fath beth ag ysbrydion, eu bod nhw'n bod!

Roedd fy addysg ysgol gynradd yn wahanol iawn yn Nolgellau erstalwm o'i chymharu ag addysg y plant yn Abertawe heddiw. Prin fy mod yn cofio mynd ar wibdaith gyda'r ysgol o gwbl, ar wahân i gerdded unwaith y flwyddyn i lawr i gapel yn y dref i wasanaeth Neges Ewyllys Da yr Urdd. Ymddengys bod plant Ysgol Lôn Las yn Nhreforys yn mynd ar ryw fath o daith neu'i gilydd bob rhyw bythefnos – teithiau i amgueddfeydd, i lan y môr, i gestyll ac ati.

Ond mae un eithriad yn aros yn y cof yn glir a chroyw iawn, sef taith gyda'r ysgol gynradd ar fws i Neuadd Buddug, Y Bala, i gael gweld ffilmiau Cymraeg. Ac mi wnaed argraff!

Y ffilm gyntaf ar y sgrin fawr oedd hanes Syr Wynff ap Concord y Bos yn rhoi stŵr â'i 'raslas bach a mawr piwsig piwsig' i Plwmsan y Twmffat Twp. Bu llond bol o chwerthin a hwyl gynnes Gymreig a chartrefol ei natur. Yna daeth yr ail ffilm. Enw honno oedd *O'r Ddaear Hen*. Ffilm arswyd Gymraeg. A minnau'n ddeg oed. Ni fu llawer o gwsg y noson honno! Beth ar wyneb daear ddaeth dros ben ein hathrawon?!

Er mai ffilm fer llai nag awr o hyd ydoedd, saif *O'r Ddaear Hen* yn glasur ym myd y ffilm Gymraeg ac mae clipiau ohoni i'w gweld ar y we erbyn heddiw. Fe'i ffilmiwyd ym Mhrifysgol Bangor ac yn Din Llugwy, Ynys Môn. Cofiaf yn glir y daith yn y car gan y prif gymeriad a 'rhywbeth' yn ei ddilyn a'r ffarmwr yn canfod y 'pen' yn y ddaear. Gwyn Thomas oedd yn berchen ar y stori, lle roedd merched cyfoes yn aberthu eu hunain i dduwiau'r Celtiaid!

Diolch byth mai ffuglen oedd tu ôl i'r ffilm. Ond mae rhai pethau rhyfedd yn digwydd o dro i dro a'r rheini yn anesboniadwy.

Derbyniais gomisiwn gan gylchgrawn Saesneg *Your Family Tree* i ysgrifennu erthygl ar feddargraffiadau Cymraeg a sut i'w dadansoddi ar gyfer unigolion di-Gymraeg. Euthum ati a chwblhau'r dasg gystal ag y gallwn ddeuddydd cyn y dedlein, ond wedi anfon yr erthygl dyma dderbyn cais arall yn gofyn a oedd modd cael lluniau cerrig beddau gyda'u beddargraffiadau ar gyfer y cylchgrawn a hynny o fewn deuddydd. Cytunais i'r cais.

A hithau'n brynhawn Sul roedd Bethan (fy ngwraig), Sian (fy chwaer), Heledd (fy merch dair oed ar y pryd) a minnau wedi bwriadu mynd allan i dafarn am ginio Sul ac felly cymerais fantais o'r sefyllfa gan ofyn am eu hamynedd tra byddwn i'n stopio ger capel Seion Newydd yn Nhreforys ac yn cerdded o amgylch yr hen fynwent sydd o amgylch y capel hardd hwnnw yn tynnu ambell lun o gerrig beddau. A hithau'n brynhawn heulog, aethom i gyd allan o'r car a dechrau chwilio am feddargraffiadau oedd â gwahanol nodweddion (adnodau, englynion, galwedigaeth yr unigolyn wedi ei nodi ac ati). Fel ag y mae mynwentydd yn gyffredinol, roedd un parth o'r fynwent hon lle roedd y gweiriach yn rhemp a'r ddaear yn anwastad, â rhai o'r cerrig wedi cwympo a'r tir wedi suddo ar ôl yr arch ddegawdau ynghynt.

Roeddwn yn cael ychydig o drafferth cerdded yn ddiogel drwy'r rhan honno o'r fynwent ac yn sydyn sylweddolais y byddai Heledd yn cael mwy o drafferth fyth. Troais i weld a'i chanfod yn cerdded tuag ataf ychydig lathenni tu ôl i mi a'i llaw yn ymestyn o'i blaen.

Gofynnais iddi a oedd hi eisiau cymorth ac atebodd yn hollol ddisymwth, 'Na, mae'n iawn, Dad, mae'r bachgen bach yma'n dangos y ffordd i mi'! Meddyliais fy mod wedi camddeall, felly dyma ofyn eto, 'Be ti'n feddwl? Wyt ti'n siŵr nad wyt ti isio help?' A dyma'r ateb cadarn am yr eildro, 'Na, dwi'n iawn, mae'r bachgen bach yma yn helpu fi.'

Edrychais yn syfrdan tuag at Sian, fy chwaer, ac yna tuag at Bethan gan ganfod y ddwy yn edrych yn syn. 'Ydy hi'n amser i ni fynd?' meddwn i. Cytunodd y ddwy gan frasgamu tuag at y llidiart ac yn ôl i'r car.

Ond nid dyna'r unig ddigwyddiad anesboniadwy a brofais ychwaith. Tua mis Mai 2009 euthum i festri'r Tabernacl yn Nhreforys i nôl Mirain (fy merch bedair oed ar y pryd) o'r ysgol Sul. A hithau'n ddiwedd tymor yr ysgol Sul ac Eisteddfod yr Urdd ar fin dechrau, roedd tipyn o blant yn chwarae o amgylch y festri, rhieni yn sgwrsio a'r athrawon yn ceisio cadw trefn tra oedd pawb yn ffarwelio. Daeth Mirain ataf a gofyn 'Pwy ydy'r dyn yna gyda'r farf hir yn y gornel?' Cymerais gipolwg a gweld nad oedd neb yno ac felly dyma holi am bwy yn union yr oedd Mirain yn sôn. Rhoddodd ddisgrifiad o'r gŵr a welai: 'Hwnna, mae o'n edrych yn union fel Siôn Corn!' Doedd neb yno ac nid oedd yr un ohonom ni yn gweld dim, ond dilynodd llygaid Mirain rywbeth tuag at y drws ym mhen draw'r festri gan ddweud, 'O, mae o wedi mynd nawr.'

Felly, oes yna unrhyw goel ar yr hen bethau hyn? Fe sonia

'Cân yr Ysbrydion' am ysbryd angladd, Gwrach y Rhibyn, y tylwyth teg a'r goblyn, a rhyw gyhyraeth drwg ei nâd a gadwai'r wlad mewn dychryn!

Yn Abertawe bu cryn ddychryn yn ddiweddar pan ddigwyddodd i rai o'r dynion lleol orfod mynd i ddelio gyda Gwrachod y Rhibyn:

Mae loes yn llechu 'mhleser – y ddinas
    Ddienaid ysgeler,
    Nid oes haul na g'leuad sêr,
    I wyll daeth rhyw erchyllter.

Dônt â'u braw, dônt yn dawel – i'n hadfyd
    Yn lledfyw o'r dirgel,
    Daw y cyrff o'u hisfyd cêl
    Â rhyw hanes o'r anwel.

I hawlio ein heolydd – o'u hencil
    Yn wancus aflonydd
    O ddyfnder hen selerydd
    Yn ddychryn dônt derfyn dydd.

Gyda'r lloer dônt yn glafoeri – o borth
    Y bedd heb dosturi,
    O fynwent i ddifenwi
    A lladd yn ninas y lli.

Deuant i loddesta'n dywyll – o'r niwl
    Pan ddaw'r nos, dan fentyll,
    Rhithiol eu denu trythyll,
    A gwaed yn wledd yn y gwyll.

Yn lliaws, golau'r lleuad – a'u denant
    I'w dynol gnawdoliad,
    A dônt o'u sychedig stad
    Dan wenlloer yn don anllad.

Islaw yn Abertawe
    Deil ffeuau draeniau y dre'
    Yn noddfa a llaith guddfan
    I wŷr o hil ar wahân;

Nid oes bedd, ond gorweddant,
  Ar awr y wawr yno'r ânt
I'w heirch o dderw erchyll,
  I'w hoe ar welyau hyll,
Anghysbell gell yn y gwyll,
  Abertawe'r brid tywyll.

Cyd-fyw wna'r pac difäol
  A gwenwyn cwsg yn eu côl
Â llygod cêl llygaid coch –
  Atgas eu gruddiau gwritgoch.

Yn afiach gyda'r machlud
  O'u tranc fe sleifiant i'r stryd,
Chwilio'r gwanaf â'u glafoer,
  Byddin waed o'u beddau'n oer,
Pydredd bedd i ddrewi'r bae –
  Daw burgyniaid bro'r gwenau.

~

Mae 'na hwyl rhoi paent min nos –
  Cywrain wefusau ceirios,
Ac antur yw'r coluro
  A'i firi hardd drwy y fro.
Cyffroi i baratoi sgertiau byr, tyn,
  Ymarfer eu gwên wnânt i ennyn
    Siawns o ddawns a llwyr hudo rhyw ddyn
Â'u hwincio, cyn cusanu'r llencyn.

Yn eu hwyliau daw yr holl filoedd
  I neon hunllef alwant 'nefoedd',
    Dônt i ddiorffen lawen leoedd,
Stileto-droedio ar hyd strydoedd.

I nos ynfyd â chwerthin seinfawr
  Gyda'u sodlau, pyrsiau a'r persawr,
    Clustdlysau anferth, gemau gwerthfawr,
Heidio i hwyl hyd doriad y wawr.

  Â'u bryd ar y jamborî
  Rhodiant yn llawn direidi
'Rôl rhoi gwên i'w rhieni – rhoi heibio
  Rhybudd rhag trybini.

~

Dan gochl goleuadau cochlas – y dônt
   Mewn gwaed oer i'r syrcas,
   Dihirod llygaid eirias
   A'u gwên o ddanheddog ias.

Rhai llychwin sugna'r ddinas – daw aflan
   Dieflig o'n cwmpas
   Yn ffowndri o gyrff andras
   I'r drin â'u pleser di-ras.

Hyrdi-gyrdi hewl gardas – distryw hyll
   Hwyl Wind Street a'i gwffas
   A'r dyrnau, dyna'r deyrnas,
   Hen blwyf, pob tafarn yn blas.

Drwy'r canu roc caiff rhocas – ei hudo
   At leuadau'n gaethwas,
   Â gwên lawen â i'w las
   A mynwent yn gymwynas.

Ger y llan gwelir galanas – waedlyd
   Eu hoedledd di-urddas
   Y rhyw rhemp a'r bwydo bras...
   Sy'n corddi gwaetgi atgas.

~

A daw hon mewn tacsi du
   Yn wenau, sgrech a chanu
A'i hwyliau'n goesau i gyd,
   Rhai buan yn herio bywyd.
Tafarn i dafarn ar dân
   A 'lyfio'r' holl gyflafan,
Y 'bwm bwm' o ddrysau'r bar
   A'i hudo wedi'r seidar
I'w hansad rywiol ddawnsio
   Ar y teils tra'n codi'r to.

Clybiau nos lenwa'i hosgo
   Heb luddiant clywch ei bloeddio
   O wisgi'r meddwol ddisgo.

Huodledd rhythm ei sodlau
Swyna pob dyn â'i seiniau,
Hen gân a dawnsio yn gwau.

Ond yno un o'r dynion
Croen llwyd nis hudwyd gan hon –
O wylio o'r ymylon.

O'i wyll saif yno'n syllu
Ac o'i gweled – syched sy'
Ar ei waethaf am frathu.

Hi'n sydyn deimla'n unig,
Natur ei drem hypnotig
A'i weflau sydd ddieflig.

Er apêl sy'n ddirgelwch
Cerdda ddihalog harddwch
At ellyll drwy'r tywyllwch.

Ei wyneb hen sy'n gwenu
Ond gwên deg o wenwyn du
A'i hebrwng i'w gell obry.

Yn ddiamcan allan ânt,
A than loergan cusanant
I ymrwymo â rhamant.

Ar hast aiff tua'r castell
I gomin yn ddigymell
I'w hagor uwch ei thagell.

Hi'n lanwedd – fe'n ddiawlineb,
Ei hirder – a'i amhurdeb,
Ildia i'w anfeidroldeb.

Gwthia'i wae i'w gwythïen,
Sugna ei sudd dan nudden
A'i llewyg a'i wna'n llawen.

Fin nos a bu ei fwynhad
Nefolaidd o nwyf eiliad –
Yn loddest, yna'n laddiad.

Drwy'r iasau arogl drewsawr
  Rhyw racsiog waedlyd ddrycsawr
Min nos sydd yma yn awr.

Daw oernad gyda'r darnio
  A rheg, a thra fo'n trigo'n
Gelain – does neb yn gwylio.

Daw awr y wawr a golygfa erwin –
  Corff diymadferth ac eco chwerthin
Dry yn ruo, udo anghyffredin
  A chysgod gwrach afiach anghynefin
Yn ei baeddu, a gwŷr byddin – y bedd
  Lithrant i'w hedd yn nadredd anhydrin.

~

Wrth drafod ddoe yn ddefodol – sylwyd
    Ar Sul yn foreol
  Hanes hon oedd absennol.

Yn ddwys 'paid dweut' ddewisant – 'na neut stŵr',
    'One night stand' yw'r broliant,
  Ei hanes oedd adloniant.
Amser i riant pryderus – aros
    Am oriau yn nerfus
  Yn feudwy mor ofidus.

Ffonia blisman yn ei banig – afraid,
    Daw lifrai a menig –
  Fforio unswydd fforensig.

At fwrdd y wledd yr heddlu – ddewinant
    Â'u gwyddonol dyrchu
  Am olion lle bu'r malu.

Lle bu neb daw gohebwyr – amrywiol,
    Camerâu arsyllwyr
  A thorf o anesmwyth wŷr.

Yn gêl tu ôl rhuban melyn – gerwin
    Y gorwedd ei chorffyn
  A gwaed ar ei sodlau gwyn.

Daw ei hanes wedi'i huno
I riant, swyn gaiff ddifwyno
    Ac wylo yn ei galar.
Daw atgofion torcalonnus
Ar eu rhawd am un gariadus
    A nwyfus, cof edifar.
Daeth diwedd rhinwedd rhieni,
Gartref eu tymer sy'n chwerwi
    A'u rhegi yn ddagreugar.
Y plant a ofnant bob cyfnos
'R ôl erchyll llindag mor agos
    I ddunos fu'n rhodd anwar.
Cymuned o ddynion cedyrn
A'u beichio oer ddaw'n ateb chwyrn
    I'r esgyrn oedd ar wasgar.

Wedi annog cefnogaeth,
  O dawelwch – dialaeth
Degau a'u herledigaeth
  Ddaw'n wrol o'i marwolaeth –
Â'u poeri at fampiriaeth.
  Â diawlineb chwedloniaeth,
Daw brodyr a gwŷr geirwon –
  Helyntion fijilantiaeth.

Rhoi ystanc a chroes Cristion
  Yn arwydd i bob gwron
I arwain a chreu meirwon
  O'r 'ffernol anfeidrolion.
A diwyro yw'r dewrion
  Heb raglais o beryglon
Na brolian, dônt yn gandryll
  I wyll, byd yr ellyllon.

I hyll ddraeniau'r tywyllwch
  Yn gydnerth ânt â'u gwydnwch
At elyn mewn tawelwch,
  I annedd yr anheddwch.
Ei drais welant drwy'r dryswch,
  Yn dawel cwsg mewn düwch
A'i ormes mewn arch farmor –
  Rhith allor i drythyllwch.

Di-urddas ydyw hyrddiant
  Y lladd â'u stanc yn llwyddiant,
O'r bwystfil deil dau gilddant.
  Y bedd nis anwybyddant –
Afiach olion a chwalant
  Yng nghysgod ei ddifodiant
Heb hwyl, heb ddangos dim parch
  I gyfarch ebargofiant.

     ~

Ond y rhain ddaw eto drennydd – a'u stranc
  I Wind Street mor ddedwydd,
  Dônt yn eigion aflonydd
O fedd di-hedd derfyn dydd.

Eu hyll waeau pan ddaw'r lleuad – a dry
  Wind Street yn ffieiddiad,
  Y nos yw eu teyrnasiad
A gwawr edy faes y gad.

Â'i boen i'n miri beunydd – a'i ddyheu
  Am ddial tragywydd,
  Heb dwrf, yn dawel bob dydd
Daw y rheibiwr dirybudd.

Daw'r diwedd yn rhyfeddod – ata' i –
  Atat ti – daw'n syndod,
  Y du oer ar wib sy'n dod
I'n rheibio'n ddiarwybod.

Coleg y Brifysgol Abertawe

Alaw ryfeddol, ddwyreiniol ei naws a gyfansoddwyd gan Pat Shaw yw 'Coleg y Brifysgol Abertawe', ond a elwir gan y rhan fwyaf yn 'Prifysgol Abertawe'. Fe'i derbynnir erbyn heddiw fel alaw draddodiadol Gymreig, ond nid yw'n dilyn ôl troed alawon naturiol Gymreig o gwbl. Pa alaw felly allasai adlewyrchu Abertawe yn well na hon?

Doedd gen i ddim syniad sut le oedd Abertawe cyn symud i fyw i'r ddinas. Fel y rhan fwyaf o Gymry'r Gogledd, roeddwn i'n adnabod canol Caerdydd yn iawn ond roedd Abertawe yn niwl hollol i mi. Ar wahân i f'atgofion plentyn o chwarae criced yn yr Eisteddfod ar Barc Singleton ar ddechrau'r wythdegau, un trip i wrando ar John Cale yn canu ac un noson i ganu gyda'r grŵp Defaid mewn Tŷ Tawe gwag iawn, prin oedd f'adnabyddiaeth o'r ddinas.

Felly pan gyrhaeddais i'r Uplands yn 2001 doedd dim disgwyliadau gen i am ddiwylliant Cymraeg na chymuned Gymreig. I ddweud y gwir, cefais gyngor gan lawer cyfaill mai doeth fyddai peidio â byw yn y ddinas ddi-Gymraeg hon, ond i symud i gyffiniau Llandeilo neu Gwm Gwendraeth a theithio'n feunyddiol i'r gwaith. Rhybuddiodd eraill bod angen seiciatrydd arna i am ystyried mudo i'r fath le anwaraidd! Roedd rhai wedi clywed am 'Ymmm, Mymbls, ia, a dwi 'di clywed am Sgeti', *Twin Town* a'r lle ryff yna – Townhill', Dylan Thomas ac ambell 'Ochr Treforys o'r Dre'.

Yr wythnos gyntaf honno, a minnau ymhlith myfyrwyr a'u tafarnau yn yr Uplands, penderfynais y byddwn yn mynd i Dŷ Tawe ar y nos Wener i geisio canfod mewnfudwyr tebyg i mi fy hun i gael cyfeillachu â nhw. Dyna a wna mewnfudwyr ym mhob cwr o'r byd, mae'n debyg – chwilio am fewnfudwyr eraill a chreu cymdeithasau bychan artiffisial i'w diddanu.

Nid siom ond sioc oedd cyrraedd Tŷ Tawe a chanfod y drws ynghlo. Fel y dywedodd cyfaill i mi am ei gymuned ar Ynys Môn rywdro, 'Mae hi'n ddrwg 'ma 'sti, mae'r capeli'n wag ac mae'r tafarnau'n wag hefyd!' Daeth rhyw anobaith drosof. Tybed a oedd y lle wedi cau? Byddai'n rhaid ceisio eto a gofyn yn y siop islaw'r clwb. Felly dyma ymweld â'r siop drannoeth a holi. Roedd y clwb ar agor ar gyfer digwyddiadau yn unig, ond roedd digwyddiad ymhen y mis.

Yn y cyfamser, gofynnodd cyfaill newydd o'r gwaith, Bob Garden, a fyddai diddordeb gen i i fynd i dafarn yn Townhill i wrando ar y grŵp gwerin Boys From The Hill. Derbyniais y gwahoddiad yn llawen a chael profiad newydd sbon. Canfûm fy hunan mewn tafarn lawn na fyddai'r rhan fwyaf o bobl gall wedi mynd yn agos ati, yn gwrando ar grŵp yn canu caneuon gwerin gwreiddiol, a rhai caneuon yn y Gymraeg. Yn fwy annisgwyl fyth, roedd pawb yn amlwg yn adnabod ei gilydd ac yn hynod gyfeillgar. 'You're a Gog, are you? Himalayans we call them...' Yng nghanol y noson cyhoeddodd gŵr y dafarn fod dau ben-blwydd i'w dathlu y noson honno, un yn ben-blwydd cymeriad lleol yn 78 oed a'r llall yn ben-blwydd llencyn yn 21. O'r herwydd, ac i ddathlu, daeth â chyri a reis am ddim i bawb yn y dafarn. Ni theimlais y fath groeso cartrefol mewn unrhyw dafarn erioed. Dyma beth oedd cymuned go-iawn. Fe'm swynwyd gan y Boys From The Hill yn hanner poeri 'Cân y Colier' a'r bechgyn lleol yn dawnsio'n wyllt i ganeuon gwerin. Ond doedd neb yno'n siarad Cymraeg.

Y penwythnos canlynol daeth cyfeillion draw i aros ac i ffwrdd â ni am Stryd y Gwin (Wind Street) i gael agoriad llygad o ddifri. Miloedd ar filoedd o ieuenctid i gyd ar un stryd yn mwynhau. Mae pob nos Sadwrn fel nos Sadwrn Eisteddfod yno. Penderfynodd un o'r criw, Owain, ganfod a oedd rhai'n siarad Cymraeg. Aeth ati i ofyn i bawb a gerddai heibio, 'Helo, wyt ti'n siarad Cymraeg?' Wedi tua deng munud, ac yntau'n dechrau colli amynedd, dyma ferch o dras Asiaidd yn ymateb yn gadarnhaol ac yn dechrau sgwrsio â ni. Aethom i mewn i dafarn gyferbyn gyda hi ac o fewn ychydig funudau roedden ni'n sgwrsio yn Gymraeg gyda chriw bychan o ferched ifanc o Dreforys. Roeddent yn gweithio yn un o'r banciau yn Nhreforys ac am fwynhau nos Sadwrn draddodiadol yn Abertawe. Gofynnais iddynt ymhle gallem gyfarfod Cymry ifanc eraill, ond edrychasant arna i fel petawn yn wallgof! Gofynnais am Dŷ Tawe, ond dim ond dwy oedd wedi clywed am y lle a doeddent hwythau heb fod yno. Roedd hi'n ymddangos nad oedd gan Dŷ Tawe enw da ymhlith Cymry cynhenid Abertawe.

Wrth ddod i adnabod y ddinas, deallais fod Neil Rosser yn dweud y gwir yn ei ganeuon a bod 'bach o Gwmrâg i'w glywed ymhobman'. Cerddwch lawr heol siopa Abertawe, Stryd Rhydychen, ar brynhawn Sadwrn neu ewch i ganolfan siopa gyfoes Fforest-fach ac mi glywch y Gymraeg ar enau nifer dda o'r siopwyr. Mae'r un peth yn wir ar hyd ac ar led y ddinas, o'r clybiau nos i stadiwm Liberty pan fo'r Swans yn chwarae, i'r caffis a'r capeli. Felly, ydy hi'n deg galw Abertawe yn ddinas Gymraeg?

Gadewch i ni chwarae gyda ffigurau. Yn ôl cyfrifiad 2011 roedd gan Ddinas a Sir Abertawe bron i chwarter miliwn o boblogaeth (231,155) gyda 26,332 o'r rheini yn siarad Cymraeg a 24 y cant yn deall y Gymraeg (55,477). Hanner can mil o bobl yn deall Cymraeg mewn un ddinas. Yna, ac ystyried bod bron hanner yr holl Gymry Cymraeg sydd yng Nghymru yn byw o fewn hanner awr o daith i ganol y ddinas, does dim rhyfedd fod rhai yn Abertawe yn ymfalchïo yn ei Chymreictod unigryw.

Mae poblogaeth y ddinas hefyd yn sicr iawn o'u Cymreictod yn gyffredinol, ar wahân i ambell greadur gaiff lawer gormod o sylw yn y papur dyddiol lleol, yr *Evening Post*. Yn ystod Cwpan Pêl-droed y Byd, bu tafarn yng nghanol y ddinas yn rhoi diod am ddim i bawb yno bob tro y byddai tîm yn sgorio yn erbyn Lloegr, a bu canlyniad go gadarn i'r drafodaeth fu am rai misoedd yn yr *Evening Post* ar y cwestiwn a ddylai Cymry gefnogi tîm Lloegr.

Felly i ffwrdd â mi y penwythnos canlynol i Dŷ Tawe i chwilio am fy nghyfoedion Cymraeg eu hiaith. Roedd Tŷ Tawe wedi newid yn llwyr ers i mi ganu yno rhyw bymtheng mlynedd ynghynt. Cefais groeso cynnes a chanfod calon bywyd Cymraeg y ddinas. Yn Nhŷ Tawe roedd cymuned yn hel o amgylch y digwyddiadau megis gigs, nosweithiau cwis yn y dafarn ac ati. Yn ogystal, roedd Côr Tŷ Tawe yn swyno'r boblogaeth leol bob nos Fercher. Ymhen ychydig deuthum i wybod am y nosweithiau a drefnid gan y Fenter Iaith, Gwener y Grolsch, a fyddai'n rhoi llwyfan i grwpiau Cymraeg yn y ddinas ac sydd yn parhau'n llwyddiant ysgubol hyd heddiw.

Symudom i fyw i Dreforys, pentref â thri phrifardd, a cheisio ymuno yn y gymuned Gymraeg yno. Cwrw yn y

Llew Coch, digwyddiadau Cymraeg, cymdeithas Gymraeg, Capel y Tabernacl a chroeso mawr gan bawb. Ar wahoddiad daeth Aelod lleol y Cynulliad Cenedlaethol draw i agor fy sied yn swyddogol, ynghyd â nifer o bobl Treforys i flasu'r cwrw cartref. A dyna ddarlun o Gymreictod yn Nhreforys. Pobl hawddgar, werinol, gymunedol, a'r capeli Cymraeg, y corau a'r clwb rygbi yn cystadlu am y gorau i gadw'r iaith yn hyderus fyw.

Yn Nhreforys y deuthum ar draws dwyieithrwydd am y tro cyntaf erioed. Mynd i farbeciws i fwynhau a chanfod y sgwrsio yn yr ardd dros botel o lager yn llythrennol ddwyieithog. Siaradai rhywun yn Gymraeg a rhywrai eraill yn Saesneg – doedd dim cyfieithu, dim ail-ddweud, doedd dim angen. Roedd pawb yn deall. Gallasai tueddiad fod mewn ambell ardal i'r sgwrs droi'n uniaith Saesneg, ond nid yn y fan hyn. Parhaodd yr holl ddigwyddiad yn hollol ddwyieithog. Y ddwy iaith yn gyfartal yn yr ardd fechan honno yn yr haul.

Annheg fyddai ceisio cymharu Caerdydd ag Abertawe. Yn gyffredinol yng Nghaerdydd, os dewch ar draws siaradwyr Cymraeg mae siawns dda mai mewnfudwyr o'r Gogledd neu'r Gorllewin ydynt. Fodd bynnag, yma yn Abertawe nid oes cymaint â hynny o fewnfudwyr – mae'r Cymry Cymraeg yn gynhenid i'r ddinas ac wedi eu geni a'u magu yno. Jacs ydyn nhw. Dydy'r Jacs ddim yn teimlo angen mawr i greu cymunedau artiffisial Gymraeg gan eu bod eisoes yn rhan o gymuned fawr braf sy'n naturiol ddwyieithog. Fe'u gwelwch yn nosweithiau Capel y Tabernacl, Theatr Taliesin a gigs Tyrfe Tawe, ond yn amlach na pheidio fe'u gwelwch yn siopa, yn gweithio ac yn byw yn y ddinas hyfryd hon. Mae hi'n braf cael byw ymhlith y Jacs.

O dro i dro daw ambell brofiad yn Abertawe yn agos at dynnu deigryn. O fy nghartref yng Nghwm Arian at

Ysgol Sul y Tabernacl yn Nhreforys yr oedd y daith y bore Sul hwnnw gyda'r plant, Heledd a Mirain, a'r llwybr yn mynd â ni drwy barc chwarae Tircanol, Stryd Tirpenry, hanner can medr ar hyd Heol Clase, Stryd Glantawe i Stryd Crown. Roedd Heledd yn wyth oed ac yn cerdded yn dawedog ond roedd Mirain, pedair oed, yn parablu bymtheg y dwsin mewn Cymraeg rhywiog wrth esbonio i mi beth oedd y diweddaraf yn hanes Sali Mali a Jac y Jwc. Mi gredai fod gennyf ddiddordeb mawr yn yr hanes hwnnw gan fy mod wedi dweud wrthi fy mod yn adnabod Idris, yr actor a chwaraeai ran Jac y Jwc ar y teledu.

Wrth droi'r gornel o Stryd Glantawe a dechrau i fyny'r tyle tuag at y Tabernacl, a thafarn y Crown yn dyrog gyferbyn, croesodd gŵr mewn gwth o oedran y ffordd gan ein hanner dilyn a hanner cyd-gerdded â ni ar y palmant. Wedi cyd-deithio am oddeutu hanner munud fe dorrodd ar draws parablu Mirain a gofyn i mi â syndod mawr yn ei lais, 'Is that Welsh she's speaking with you there?' Roeddwn wedi bod mewn sefyllfaoedd tebyg o'r blaen gyda phobl yn gofyn ai Almaeneg yr oeddem yn siarad ac ati. Cadarnheais yr iaith yn swil braidd a dywedodd yr hen ŵr, bron iawn fel petasai'n dweud wrtho'i hun mewn syndod, 'So, there's still hope then...'

Nid atebais; ni wyddwn beth i'w ddweud. Cerddasom ymlaen at yr ysgol Sul, Heledd yn synfyfyrio, Mirain yn dal ati i barablu a minnau'n rhyfeddu'n emosiynol at yr hyn a ddigwyddodd.

Mae traddodiad cerddorol neilltuol yn Abertawe. Yn Nhreforys mae chwe chôr. Sawl pentref arall yng Nghymru all hawlio chwe chôr sydd yn canu'n rheolaidd? Yn fy mhrofiad i, does yna ddim llawer o drefi yng Nghymru, os oes yna o gwbl, allai gystadlu gyda'r gigs nosweithiol yn y ddinas ychwaith. Mae'r bywyd cerddorol yn rhyfeddol a hawdd yw olrhain yr hanes yn ôl ganrifoedd.

Yn 1868 y ganed Lewis Roberts yn Nhreforys a bu'n byw yn Heol y Ficerdy hyd at ei farw yn 1917. Dysgodd ei frawd, Willy, i ganu'r feiolin (nid ffidil, sylwer) ac fe aeth i'r Conservatory yn Fienna cyn dychwelyd i arwain cerddorfa symffonig yn Abertawe ar ddechrau'r ugeinfed ganrif. Er mai gweithiwr tun oedd Lewis yn ei waith beunyddiol, gwneud ffidlau oedd ei alwedigaeth. Dywed yr arbenigwyr mai ef yw'r gwneuthurwr ffidlau gorau a welodd Cymru erioed, os nad Prydain gyfan.

Ystyrid Lewis yn dipyn o freuddwydiwr pan oedd yn blentyn, a phan aeth ati i ddechrau creu ffidlau rhoddodd ei fam stop ar y peth gan ddweud ei fod yn waith pechadurus. Gorfu i Lewis gario prennau i sied yr ardd ynghudd gan grafu gyda'i gyllell boced a llwyddo i gwblhau ei ffidil gyntaf tra oedd yn ei arddegau. Roedd Lewis yn canfod y pren ei hun, yn ei dorri a'i lunio, yn creu ei farnais ei hun a byddai'r ffidlau yn gampweithiau. Gwnaeth 87 o ffidlau i gyd.

Mae nifer dda o'i ffidlau yn dal i'w cael o amgylch Treforys ac Abertawe ac maent yn rhyfeddol nid yn unig am eu gwneuthuriad ond hefyd oherwydd bod ganddynt arysgrif tu fewn iddynt yn aml iawn – cerddi gan Nantlais neu lun o Lewis Roberts ei hun. Fe'i claddwyd wrth ddrws blaen capel Seion Newydd yn Nhreforys, lle nodir:

Lewis (Violin Maker)
Cenwch Nefoedd y Coed a Phob Pren Ynddo

Wrth i mi ymchwilio ymhellach i'r hanes daeth yn amlwg fod brawd i Lewis hefyd yn wneuthurwr ffidlau yn Abertawe ac, yn wir, roedd nifer dda o wneuthurwyr ffidlau yn y dref yn ystod y cyfnod, gyda llawer o weithdai ar hyd y Stryd Fawr a Wind Street.

Bu Sais yn gweithio am flwyddyn gyda Menter Iaith Abertawe. Daeth Jonathan Simcock o ardal Derwent (yn sir Derby) wedi dysgu'r Gymraeg a gwleidyddiaeth gymunedol yn rhan annatod ohono. Ac yntau'n awchu am bob cyfle i roi cyfleon Cymraeg i Gymry ifanc yn ardaloedd difreintiedig Abertawe, rhoddodd ei holl egni a'i amser i drefnu a hwyluso digwyddiadau lu a llwyddiannus. Ac yna, rhyw ddiwrnod, dros beint, fe'm holodd pam na fyddem ni yn dechrau sesiwn werin yn Nhŷ Tawe.

Roedd criw ohonom yn canu mewn grŵp, Mari Lwyd, ac roedd Jonathan yn gerddor ardderchog ac wedi chwarae'r melodion yn Lloegr ers rhai blynyddoedd. Aeth Jonathan ati i drefnu'r sesiwn gyntaf un honno a bron i ddegawd yn ddiweddarach pery'r sesiynau gwerin misol ar ail nos Wener pob mis yn Nhŷ Tawe, er i Jonathan ddychwelyd i Derby ers peth amser.

Maen nhw'n sesiynau gwahanol ac anarferol, er mor rheolaidd ydyn nhw. Bydd ambell un o'r sesiynau yn caniatáu i'r gerddoriaeth hedfan tra bod eraill bron yn weithdai ar alawon. Un mis bydd y dafarn yn orlawn a'r cerddorion yn niferus ac o bob safon a'r hwyliau yn hedfan mor uchel â'r gerddoriaeth. Yna'r mis canlynol bydd rhyw bum cerddor

Aneirin, Dan a Claudine

yn unig a chriw bychan iawn o amgylch y bar. Ond hyd yn oed ar y nosweithiau hynny, gall y gerddoriaeth hedfan. Mae tri cherddor yn ddigon – gitâr neu delyn ac ambell offeryn alaw a llais. Daw cerddorion o fri i'r sesiwn hefyd. Bu Ceri Rhys Matthews yno, Dan Morris ar dro, Roland Emanuel a Mansel, a daw dau o Gwm Gwendraeth, Sara a Geraint Lloyd (Mansant), yn wenau ac alawon rheolaidd.

Yn ychwanegol at y tri cherddor rheolaidd, sef Geraint (Jacob) Roberts o Ystradgynlais, Chris (Eos Hirwaun) Reynolds a minnau, daw brodyr athrylithgar o Bontardawe, sef Caradog (ar y delyn a'r ffliwt) ac Aneirin (ar y ffidil a phob offeryn arall dan haul!). Mae'r ddau ohonynt yn gerddorion o'r safon uchaf ac yn llawn brwdfrydedd am y gerddoriaeth a hwyliau'r sesiwn werin. Dônt a'u hegni newydd i'n byd gan roi lliw cyfoes ac ifanc i'r nosweithiau.

Cynyddodd diddordeb nifer o bobl yng ngherddoriaeth draddodiadol ein gwlad drwy'r sesiynau yn Nhŷ Tawe, ac i'r Sais o Derby mae'r diolch am hynny. Drwy drefnu'r sesiynau gwerin cyntaf hynny sefydlodd Jonathan Simcock yn Abertawe goleg prifysgol cerddoriaeth werin, sefydliad misol i hybu a thaenu'r traddodiad ar draws gwlad. Mawr yw ein diolch iddo.

Diniweidrwydd

Nid yw fy mandolin yn hen, ond mae'n gallu hedfan.

Fe hoffwn allu dweud iddi gael ei rhoi i mi gan hen daid fy nhad-cu a bod sôn am ei chanu yng nghyfrolau Iolo Morgannwg neu, gwell fyth, Gerallt Gymro!

Ond na, mandolin o'r Amerig yw hon, un a grëwyd yn nechrau'r unfed ganrif ar hugain gan wneuthurwr mandolinau pur enwog, Rolfe Gerhardt. Ac yntau'n gynweinidog, dechreuodd wneud mandolinau Unicorn, gan ddatblygu dros y blynyddoedd i fod yn wneuthurwr mandolinau Phoenix. I mi, dyma'r fandolin orau bosib, yn ysgafn, a'r donyddiaeth a'r cyseinedd yn ddwfn ac yn hirymarhous. Gyda seiniau tyn a chyfoethog, deil cynhesrwydd pob nodyn i aros yn fyw ar y glust am fwy nag ennyd, ac yn fyw yn y cof am byth.

A minnau wedi canu nifer fawr o fandolinau dros gyfnod o flynyddoedd, y Phoenix oedd y gyntaf i mi ei chwarae oedd yn offeryn go iawn yn hytrach na mandolin yn unig. Anodd yw esbonio i rywrai nad ydynt yn chwarae offeryn pa fath o brofiad yw cael offeryn safonol i'w ganu. Mae'r tannau'n dynn a'r bysedd yn canfod y nodyn yn llawer haws. Yr un gwahaniaeth sydd rhwng gyrru car rhad â'r llyw yn crynu wrth fynd yn gyflym a char cyfoes, drud, pwerus a aiff ar wib yn ddidrafferth.

Nid oes gair Cymraeg, hyd y gwn i, am 'luthier', sef gwneuthurwr offerynnau llinynnol, a ffôl fyddai ceisio bathu *crwthsaer* neu ryw air cyffelyb. Yn wreiddiol, disgrifiad o wneuthurwr liwt oedd 'luthier'. Cyfnither i'r fandolin yw'r liwt, a oedd yn boblogaidd iawn rai canrifoedd yn ôl. Y liwt oedd un o'r offerynnau cyntaf y gellid ei ddefnyddio i ddarparu cyfeiliant heb i unrhyw un arall fod yn cyd-chwarae. Tybed ai dyna darddiad y dywediad 'ar dy liwt dy hun'?

Mandolin ddeubwynt ydyw gyda thyllau F yn caniatáu atseinedd rhyfeddol. Mae'r math hwn o offeryn yn anarferol yn y byd gwerin gan fod mandolinau Gwyddelig fel rheol yn arddel un twll crwn yng nghanol y corff. Wrth gwrs, nid yw'r fandolin yn offeryn traddodiadol Cymreig beth bynnag a phrin y byddai'n cael ei derbyn gan gymdeithasau offerynnau traddodiadol. Offeryn o'r Eidal ydyw yn wreiddiol, ond fe'i chwaraeir yn wahanol yno gan ddefnyddio'r tremolo yn rheolaidd ar bob alaw. Chwaraeir y fandolin yng Nghymru mewn dull cyffelyb i'r Gwyddelod gan daro pob nodyn gyda'r plectrwm i gynnal alaw gyflym ac ambell dripled achlysurol.

Felly beth sy'n rhoi'r seiniau hynod glir a'r donyddiaeth gynaliadwy i'r offeryn hwn? Dywed Rolfe, ymysg nifer o bosibiliadau eraill sy'n cynnwys bod y nyten wedi ei chreu o asgwrn carw mawr Canada ('moose'), mai'r pren gwych sydd yn gyfrifol ac, yn benodol, gwneuthuriad y bont ryfeddol.

Yn ddwfn yng ngwaelod llynnoedd Maine, Gogledd America, gorwedd coedydd lu a fu yno ers canrifoedd lawer. Wedi canfod y coed hynafol fe'u codwyd, eu sychu a'u hadfer i gyflwr derbyniol. Gwnaethpwyd y bont o'r fasarnen hon. Hen, hen fasarnen o'r Amerig yn canu drwy'r oesau ac yn rhoi bywyd i hen alawon ein gwlad yma yng Nghymru.

> Er i'w rhin fod yno 'rioed – yn enaid
> O'u gwanwyn i'w henoed,
> Eu haf bery i'r cyfoed...
> Nid pydru, canu wna'r coed.

Datblygodd y fandolin yn offeryn eithaf cyffredin erbyn hyn yng Nghymru. Does dim llawer o sesiynau i'w cael lle nad oes mandolin ymysg offerynnau'r sesiynwyr ac mae croeso mawr i'r mandolinydd mewn gwyliau ffidil yn ogystal. Mae'r un peth yn wir yn y gwledydd Celtaidd i gyd. Daeth y fandolin bron yr un mor boblogaidd â'r pibau tun. Ac mewn gwirionedd, a oes ots ar ba offeryn y chwaraeir yr alawon? Y peth pwysig yw bod yr alawon yn cael eu canu a'u cadw, a hynny mewn arddull a dull cerddorol a hwyliog. Nid amgueddfa yw Cymru, wedi'r cyfan.

Daeth rhai o'n hofferynwyr yn giamstars ar y fandolin, a'u gallu yn rhyfeddol. Drwy grwpiau gwerin Cilmeri a 4 yn y Bar a grŵp y Cynghorwyr daeth Tudur Huws Jones (Tud Jôs) i amlygrwydd yn canu'r banjo pedwar tant yn ogystal â'r fandolin, a'i ddawn yn ddigamsyniol ac yn ail i neb. Yr hyn a'i gwna yn fwy arbennig fyth yw ei wyleidd-dra a'i gyfeillgarwch naturiol a chlên.

Yn ddiweddar cyhoeddodd Tud Jôs CD o'i waith ei hun, *Dal i Gredu*. Ar y CD hwnnw ceir nifer dda o ganeuon gwreiddiol cyffrous a swynol. Ond fe geir hefyd ambell set o alawon. Un o'r rhai hynny yw 'O Wrecsam i Fachynlleth' lle mae'r fandolin yn gwneud i alawon cymhleth, anodd eu chwarae ymddangos yn syml a dirwystr i fysedd yr arch-gerddor.

'Rôl clywed y cyffredin – yn wylaidd
    O ddwylo y dewin
  Daw alaw hardd mandolin
  A'i orwych geinciau gwerin.

Pedwar tant sydd i fandolin ond mae dau gwrs i bob tant felly mae wyth tant mewn gwirionedd. Llwydda'r fath dannau i chwalu croen bysedd yr anghyfarwydd, ond llwyddant hefyd i ddyblu pob sain a chaniatáu i'r tremolo enwog lenwi unrhyw ystafell. Nid yw'r broblem gyda'r bysedd yn unigryw i'r fandolin a cheir straeon lu am gitaryddion yn rhoi *super glue* a phethau cyffelyb ar flaenau eu bysedd. Yn ôl yr hanes roedd Ifan y Gorlan, telynor o Lanrwst ar ddechrau'r bedwaredd ganrif ar bymtheg, yn cael cymaint o broblem gyda chroen ei fysedd tra oedd yn telyna nes iddo fynd i'r arfer o dynnu haearn poeth ar draws blaenau ei fysedd er mwyn eu caledu'n ddigonol i allu taro'r tannau.

Ceir gwahanol fathau o fandolinau hefyd. Mae mandolinau banjo i'w cael ac roeddent yn boblogaidd iawn yn ystod ugeiniau'r ugeinfed ganrif. Nid yw'r sŵn a geir o'r rhain gystal â'r fandolin, ond mae nerth y sain yn werthfawr mewn sesiwn werin, lle gall synau'r fandolin arferol gael eu boddi'n rhwydd iawn.

Mae hefyd fandolin wythfed (*octave mandolin*) i'w chael sydd yn arddel seiniau dwfn hyfryd ond sydd yn dawelach o lawer. Unwaith erioed y gwelais fandolin bas (*mandobass*), a hynny mewn siop fandolinau arbenigol yn Brighton, Lloegr. Ni allaf ddychmygu bod llawer o fri wedi bod arnynt erioed, ar wahân i'r cyfnod cyn yr Ail Ryfel Byd pan oedd cerddorfeydd mandolin yn boblogaidd.

Cam naturiol yw hi i fandolinydd gael gafael ar fanjo pedwar tant. Er mai un cwrs sydd i'r tannau, ac eithrio maint y bysellfwrdd mae'r banjo angen yr un gallu cerddorol a dawn byseddu â'r hyn sydd ei angen ar y fandolin – a'r ffidil yn y pen draw. Ond nid oes bwa, wrth gwrs, a does dim blew cynffon ceffyl i ymrafael ag ef! Plectrwm sydd ei angen.

Gwnaed plectrymau yn wreiddiol o gragen crwban ac fe gefais afael ar nifer ohonynt dros y blynyddoedd mewn cistiau mandolinau antîc a brynais mewn sêls cist car. Ond nid yw creu plectrwm o gragen crwban yn rhywbeth i'w groesawu y dyddiau hyn ac aeth gwneuthur plectrymau yn fasnach fyd-eang. Gellir cael rhai pren, plastig, rwber, papur, haearn a phob math o ddefnyddiau eraill mae'n siŵr. Pan oeddwn yn gadael swydd rai blynyddoedd yn ôl cefais anrheg werthfawr ac unigryw, sef plectrwm a wnaed o arian pur gyda fy enw wedi ei gerfio arno'n llawn. Anrheg â meddwl tu ôl iddi.

Gellir talu ugain ceiniog am blectrwm rwber rhad ac yna gellir cael plectrwm BlueChip wnaiff gostio degau o bunnoedd. Cofiaf ofyn i gerddor adnabyddus o Sir Benfro rhyw dro a fyddai'n fodlon rhoi ei blectrwm i mi fel swfenîr – a chael plectrwm wedi ei gerfio o gerdyn credyd ganddo! Mae dewis plectrwm iawn yn hollbwysig ac mae'r seiniau a geir ganddynt yn wahanol yn ôl y gwneuthuriad a'r deunydd. Gall plectrwm pren roi synau meddal ac aeddfed, tra gall plectrwm metel wneud sŵn annifyr wrth iddo daro tannau metel.

Y plectrwm a ddefnyddiaf o ddydd i ddydd erbyn hyn yw'r Wegenpick TF120. Fe'i cynhyrchir yn yr Iseldiroedd. Cred nifer o fandolinyddion dibrofiad mai plectrwm ysgafn i'w blygu sydd ei angen er mwyn cael nodau clir a thremolo â chydbwysedd iawn. Ond daw'n amlwg gydag amser mai plectrwm cadarn a chryf sydd ei angen a dyna geir gan y Wegenpick. Gwneir y Wegenpick o'r un deunydd ag y gwneir llenwad dannedd (*fillings*), felly maen nhw'n para am oes pys ac yn rhoi seiniau cryf ond tyner ac aeddfed ar yr un pryd.

O ymchwilio i gefndir Ifan y Gorlan, y telynor o Lanrwst, deuthum ar draws ei hanes yn hen ŵr yn ei saithdegau a ymdriniai â'i delyn fel cariad. Dywed Robert Griffith yn ei gyfrol *Llyfr Cerdd Dannau* (1913):

> Yn hen dŷ y Gorlan y treuliodd efe flynyddoedd olaf ei oes, heb neb yn gwmni ond ei delyn. A dywedir y byddai yn treulio llawer o'i amser mewn eisteddfa garreg wrth odreu un o'r clogwyni... (ger ei gartref). Yma yr eisteddai yn dawel, a'i delyn wrth ei ochr, weithiau yn ei chanu, a thro arall yn ymddiddan â hi, gyda'r fath serchogrwydd a phe buasai y gariadferch anwylaf dan haul.

Na, nid yw fy mandolin i yn hen. Mae'n ifanc, yn ddiniwed, yn anaeddfed, yn siapus ac yn ffres. Mae'n newydd i'r byd ac ar fin cyrraedd ei harddegau. Nid yw hi ychwaith yn Frython. Mae'n Americanes hyderus a chyffrous. Ond er hyn oll, gall ddatgan alawon gwerin traddodiadol Cymreig yn addfwyn a theg gan osod ei stamp ar y sesiwn werin yn ei hanterth.

Er mor ddiniwed yw'r fandolin hon, mae ei gallu yn aruthrol.

Ydy, mae fy mandolin yn gallu hedfan.

Rhai tyn a chaled yw'r tannau – rhai caeth
    I'r coed a'r cribellau,
   Ond o'u carchar drwy'u chwarae
   Daw rhodd o hud i ryddhau.

Eisteddfod Caerfyrddin

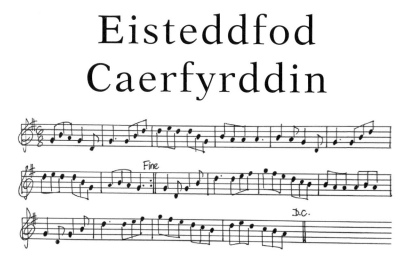

Yn 1450 cynhaliwyd eisteddfod yng Nghaerfyrddin a hyd y dydd heddiw fe'i hadnabyddir fel Eisteddfod Caerfyrddin. Credir mai at yr eisteddfod honno y cyfeiria'r jig rwydd a llawen ei naws hon. Mae'n alaw sionc nas chwaraeir yn aml ar ei phen ei hun, ond yn hytrach fel cyfuniad gydag alawon eraill, ac yn rhyfedd iawn mae rhywbeth hynod gyfoes yn nhro'r alaw. Gellid credu mai llynedd y'i cyfansoddwyd!

Yn ôl cofnodion, yr eisteddfod gyntaf, wrth gwrs, oedd Eisteddfod Aberteifi yn 1176 ac yna does dim sôn am eisteddfod arall yn cael ei chynnal hyd at eisteddfodau Caerwys yn yr unfed ganrif ar bymtheg, gydag un eithriad pwysig: Eisteddfod Caerfyrddin, a gynhaliwyd yn y castell dan nawdd Gruffudd ap Nicolas, Arglwydd Dinefwr, gŵr o linach dywysogaidd. Mae'n sicr y bu eisteddfodau eraill, ond ni chadwyd cofnod ohonynt ac felly dyna roi stamp pwysigrwydd ar yr eisteddfod hon.

Gruffudd ap Nicolas ei hunan a feirniadodd y llu o gerddorion a beirdd a deithiodd ar draws Cymru gyfan i gael cystadlu ac ymrysona. Enillydd y gadair (cadair arian yn ôl traddodiad) oedd Dafydd ab Edmwnd ac yn ystod yr eisteddfod hon yr ad-drefnwyd mesurau cerdd dafod ganddo. Gosododd Dafydd ab Edmwnd reolau'r mesurau cynghanedd unwaith ac am byth, gan nodi'r pedwar mesur ar hugain traddodiadol. Neu o leiaf ddau fesur ar hugain traddodiadol. Ychwanegodd ddau fesur o'i wneuthuriad ei hun a cheisio dwyn perswâd mai felly yr oedd y mesurau i fod! Cred arbenigwyr y dyddiau hyn fod diben pwysig i'r ymarfer o osod y mesurau, a hynny oedd i sicrhau bod y beirdd (dynion proffesiynol a fyddai'n canu cerddi yn aml i glodfori bonedd) yn cadw uwchlaw'r glêr (beirdd gwlad).

Trueni na wyddom fwy am yr eisteddfod. Mae'n siŵr y byddai wedi bod yn achlysur gwerth mynd iddo ac y byddai hwyl a sbri yn digwydd law yn llaw â'r difrifol a'r academaidd. Byddai'n debyg iawn, am wn i, i'n heisteddfodau ninnau heddiw, yn enwedig yr Eisteddfod Genedlaethol.

Ac eto, efallai ddim, achos mae ein heisteddfod ni, yr ŵyl werin genedlaethol, wedi penderfynu hepgor rhan bwysig o'r diwylliant Cymraeg a Chymreig – cerddoriaeth werin!

Ewch i'r Eisteddfod Genedlaethol heddiw i chwilio am gerddoriaeth werin Gymraeg ac fe gewch drafferth. Mae pethau wedi gwella dros y degawd diwethaf gydag ymddangosiad cymdeithasau megis Clera a TRAC yn gwthio sesiynau gwerin ar y maes, ac mae hynny'n beth i'w groesawu. Da o beth oedd gweld sefydlu Tŷ Gwerin yn ddiweddar. Ond faint o bwys a roddir ar gerddoriaeth werin gan drefnwyr yr Eisteddfod ei hunan? Erbyn hyn fe geir un gystadleuaeth benodol ar gyfer 'Grŵp Offerynnol Agored' yn yr Eisteddfod ar y Sadwrn cyntaf ac fel rheol fe ddefnyddir y cyfle hwn gan grwpiau gwerin ifanc i geisio barn beirniaid ar eu dawn. Wedi hynny, prin iawn yw'r llwyfan i gerddoriaeth werin.

Wrth gwrs, mae pob mathau eraill o ddiwylliant y

Cymry yn cael eu lle yn amlwg ar y llwyfannau. Fe welwch ddawnswyr gwerin, beirdd, cerdd-dantwyr a chelfyddyd gain yn amlwg. Paham felly bod cerddoriaeth werin ein gwlad yn cael ei hesgeuluso? A beth sydd yn cymryd lle y traddodiad yn ein Heisteddfod? Cymerwch olwg sydyn ar y rhestr testunau ac fe welwch yn syth bod yno lond trol o gystadlaethau ar draddodiadau'r Eidal, Awstria, yr Almaen, Rwsia a'r West End! Cyfleon i unawdwyr a chorau o bob math gael dangos eu doniau yn canu cyfansoddiadau Mozart, unawdau operatig a chaneuon o'r sioeau.

Gellid dadlau, wrth gwrs, fod lle i'r fath gystadlaethau, ond nid ar draul cerddoriaeth werin Gymraeg, siawns.

Mae Ywain Myfyr yn sôn am ei chwilfrydedd pan ddaeth ymwelwyr o'r Eidal i siop yn Nolgellau oedd yn chwarae CD clasurol y Tri Tenor i'r siopwyr, gan ofyn pam roedd y siop yn chwarae cerddoriaeth Eidalaidd! Y fath hyfdra (ar ein rhan)! Mae'n ddigrif efallai, ond tybed a oes gwers i ni yn y fan hyn? Pam y bu cymaint o wirioni ar draddodiadau'r West End? Pam tybed y gwirionwn ar gyngherddau yn llawn perfformwyr sy'n enwog ar lwyfannau Llundain? Mae cyngherddau mawr yr Eisteddfod Genedlaethol yn llawn Cymry a hanner Cymry sy'n enwog yn Lloegr.

Pam felly? Pam mae'r *glitz* a'r *razzmatazz* hwn yn fwy deniadol i'r Cymry na'n cerddoriaeth ein hunain? Oes rhywbeth yn ein seicoleg sydd yn ein gorfodi i deimlo'n israddol a dewis diwylliannau gwledydd eraill ar draul ein cerddoriaeth ein hunain?

Soniai Hywel Teifi am dwf canu corawl a sol-ffa yng Nghymru gyda llwyddiant Côr Caradog yn y Crystal Palace a hynny'n ymateb uniongyrchol, os isymwybodol, i gic seicolegol y Llyfrau Gleision a'u brad i'r Cymry diamddiffyn nad oedd ganddynt unrhyw sefydliad i siarad drostynt ac i ateb yn ôl. Roedd gallu chwarae gêm y Sais a'i guro yn gamp gwerth ei pherffeithio. Rhoi bys yn llygad y Sais megis, yn yr un modd ag y mae'r genedl yn mwynhau gwylio rygbi rhyngwladol a churo'r Saeson unwaith yn rhagor. Rhoddodd y Llyfrau Gleision gic i hyder y Cymry ac fe'n gadawyd hyd heddiw yn tin-lyfu barn Saeson ac Americanwyr ar ein gallu diwylliannol ac ar ba gerddoriaeth sydd yn werth gwrando arni.

I wneud argraff yng Nghymru, a oes rhaid gwneud argraff yn Lloegr yn gyntaf? A gofiwch Alex Jones, Katherine Jenkins, Super Furry Animals a Catatonia, er enghraifft?

Ac nid yr Eisteddfod yn unig sydd yn ymddwyn fel hyn. Ar wahân i'r un rhaglen arbenigol ar Radio Cymru yn wythnosol, tybed sawl gwaith yn ddiweddar y clywsoch chi alaw werin ar yr orsaf? Yn rhyfedd ddigon, mae mwy o gyfle i glywed ambell alaw ar y rhaglen *Celtic Heartbeat* ar Radio Wales. Gellid dadlau bod rhagfarn ar waith!

Felly, tybed a ddaw amser unwaith eto pan fydd gan y Cymry ddigon o hunan-barch a hunanhyder i ymfalchïo yn eu diwylliant gwerin brodorol a gallu ei roi yn ôl ar flaen y llwyfan eisteddfodol fel yr oedd yn Eisteddfod Caerfyrddin ganrifoedd yn ôl?

Llyn Gwernan

Soniai'r diweddar Meredydd Evans sut y trodd cyfeiliant ffidil i ganeuon yn ffwdl-la-las ac ati pan fu i'r crythau, y telynau a'r ffidlau gael eu llosgi ar goelcerth y diwygiadau crefyddol yng Nghymru. Mae'n rhyfedd meddwl felly, a deall hefyd, bod nifer fawr o emynau wedi eu seilio ar alawon gwerin, neu ganeuon y dafarn i fod yn fanwl gywir. Dywed *Cydymaith Caneuon Ffydd* bod emynwyr yn ddibynnol ar alawon gwerin ac alawon traddodiadol, neu ganeuon y ffair, yn ystod y ddeunawfed ganrif.

Aiff *Cydymaith Caneuon Ffydd* ymlaen i sôn am y newid mawr a fu pan drawodd cyffro mawr y diwygiadau a 'chulni'r crefyddwyr', a arweiniodd at losgi offerynnau yn sgil eu cyswllt â'r dafarn a'u defnydd fel cyfeiliant y ddawns. Ystyrient offeryn yn arwydd o oferedd. Dyfynnir John Parry (Ddall) o'i gyfrol *Welsh Harper* yn 1848: 'the happy good wife used to sing her merry songs while spinning but I regret to say that those days are gone by and to sing anything but hymns is considered sinful in some places.'

Wrth gwrs, fe welir y dylanwad gwerin hwn yn amlwg drwy'r llyfrau emynau a phery rhai degau o alawon gwerin traddodiadol yn *Caneuon Ffydd*, alawon megis 'Braint' a 'Llantrisant' ac eraill. A thros y blynyddoedd, wrth gwrs, daeth rhai o'r emynau hynny yn ôl i'r dafarn dan fwgwd gwahanol a chael eu canu gydag arddeliad cwrw. Erys eironi enfawr o glywed llond tafarn yn canu emyn dirwest 'I bob un sy'n ffyddlon' a'r dorf yn morio'r Haleliwias!

Clywais gellwair yn ddiweddar, 'Beth yw'r gwahaniaeth rhwng feiolin a fiola? Cymer fiola fwy o amser i'w llosgi!' Tybed a yw'r jôc gyfoes honno a'i hawgrym bod angen llosgi feiolinau a fiolâu yn adlais o rywbeth a ddigwyddai yng Nghymru slawer dydd?

Yma yn Abertawe fe saif un emyn ben ac ysgwydd uwchlaw'r gweddill yn y tafarnau, a hwnnw yw 'Calon Lân', wrth gwrs. Gŵr o ardal Pentrepoeth, Treforys ydoedd Daniel James, fu'n gweithio yn y diwydiannau trymion yn yr ardal ac yn cyfansoddi barddoniaeth. Roedd yn ŵr oedd ychydig yn or-hoff o'i gwrw ac mae hanesion amdano'n cysgu yn nhwlc y mochyn gan nad oedd ei wraig yn gadael iddo gael mynediad i'r tŷ! Fel y dywedodd Myrddin ap Dafydd am gymeriad arall o Ddyffryn Conwy,

Yn hapus yng nghwmni'r capel
A brenin hwyl y brown êl.

Bu llawer o gwyno am ei ymddygiad meddwol, ond ymddengys i Daniel James fwynhau cael ymateb gyda'i gerdd enwog

Mae taflu cerrig yn ein byd
Yn rhy gyffredin nawr...

Fe'i cofiwn heddiw drwy ei enw barddol, Gwyrosydd, ac yn bennaf am eiriau trawiadol 'Calon Lân'. Ym mynwent capel Mynydd Bach, Abertawe mae ei feddrod, a honno'n garreg urddasol. Ond yn anffodus fe geir dau gamgymeriad amlwg arni. Y cyntaf yw nodi bod Daniel James wedi gadael y byd hwn ar yr unfed ar bymtheg o Fawrth 1920. Gwyddom mai ar yr unfed ar ddeg y bu farw!

Yr ail gamgymeriad, a'r un mwyaf trawiadol, yw

CALON LÂN YN LLAWN DIONONI

Ie, nid camgymeriad ar fy rhan i yw hwnna. Fel yna'n union y cofnodwyd y gair – 'diononi'! Felly, y tro nesaf y byddwch yn canu'r emyn hwnnw, sicrhewch eich bod yn canu'r geiriau cywir fel y maent wedi eu cofnodi ar garreg fedd Gwyrosydd ei hun, sef 'Calon lân yn llawn diononi'!

Ond ymddengys nad dyna'r unig gamgymeriadau ar y garreg hon. Naddwyd englyn arni, er cof am wraig Daniel, sydd hefyd wedi'i chladdu yno, ond hepgorwyd y llinell olaf! Mae'n darllen:

Wele fedd un annwyl fu – yn heulwen
   Ddihalog i'w theulu
  Ni rowd i'w beddrod du

Gosodwyd yr englyn fel un frawddeg hefyd.

Nid yng Nghymru yn unig yr arferai cerddorion droi alawon gwerin yn emynau, wrth gwrs. Gwyddom am rai o'r

Bedd Daniel James (Gwyrosydd)

emynau negroaidd a addaswyd o alawon gwerin Gwyddelig a rhai emynau Americanaidd sy'n tarddu o alawon gwerin yr Alban. Canwch alaw'r gân 'Rock-a My Soul in the Bosom of Abraham' heb eiriau ac ar ras ac fe glywch jig Wyddelig draddodiadol! Ceir sawl enghraifft.

Ac yn wir, gwnaethpwyd rhyw bethau cyffelyb yng Nghymru yn ystod y cyfnod diweddar hefyd. Yr amlycaf yw Twm Morys yn rhoi caneuon Bob Delyn a'r Ebillion ar alawon gwerin, a gwnaeth Ywain Myfyr rywbeth tebyg gyda'r alaw 'Llyn Gwernan'. Jig yw hon hefyd, un hyfryd, sionc a llawn addurn tribannau, ac fe'i henwyd ar ôl mangre hynod hardd ar ddechrau'r llwybr mwyaf serth o'r holl lwybrau i ben Cader Idris, nid nepell o Ddolgellau.

Bu credoau ofergoelus yn lleol yn Nolgellau a chymerai pobl ofal anghyffredin wrth gerdded heibio'r llyn gan y credent fod unai duwies y dŵr neu'r dyn gwyrdd yn byw yn y llyn ac mai hwynt oedd yn gyfrifol am roi niwl ar ben Cader Idris i ladd dringwyr o ymwelwyr.

Pery un chwedl benodol am y llyn. Dywedir i drigolion yr ardal glywed llais dwfn yn gweiddi o gyfeiriad Llyn Gwernan, 'Mae'r awr wedi dyfod, ond y dyn heb fynd heibio!' Gwelodd ambell un o'r dynion lleol ŵr mawr yn cerdded o amgylch y llyn ar frys a chredir mai'r dyn hwn a waeddai yr un frawddeg drosodd a thro. Tawelodd y gweiddi am dri o'r gloch y bore. Y bore canlynol canfuwyd gŵr dieithr wedi boddi yn y llyn, wedi ei hudo yno mae'n debyg gan dduwies y llyn.

Rhoddodd Ywain Myfyr eiriau celfydd i'r alaw, yn sôn am hiraeth Cymro am Lyn Gwernan ac yntau wedi ei alltudio i'r Amerig. Arafwyd yr alaw hefyd o gyflymder y jig i walts fwy neu lai. Recordiwyd y gân gan Gwerinos ag Elfed ap Gomer yn rhoi ei lais dwys iddi gyda'r gytgan:

Ond mae hiraeth yn rhwygo fy nghalon i heno
  Wrth feddwl am Feirion ymhell dros y lli,
Pe cawn i adenydd mi hedwn i yno
  At lannau Llyn Gwernan sy'n annwyl i mi.

Gerllaw'r llyn ceir hen dafarn hyfryd y Gwernan gyda'i bwyd blasus, cwrw da, awyrgylch hyfryd a lleoliad penigamp. Yno yn y chwedegau a dechrau'r saithdegau byddai rhai o wŷr y Free Wales Army yn ymgynnull am beint, sgwrs a chân cyn mynd ati i gynllwynio pa derfysg bynnag oedd yn mynd â'u bryd yr adeg hynny! Ac erbyn hyn ceir sesiynau gwerin Cymraeg a Chymreig yno yn achlysurol, rhai a sefydlwyd gan Ceri Rhys Matthews, y pibydd amryddawn, a gwn, gyda llawenydd yn fy mron, eu bod yn chwarae'r jig 'Llyn Gwernan' gydag arddeliad.

Môn

I'w chanu ar unai alaw 'Cadair Idris' neu 'Llwyn Onn':

Llandegfan, Llanbeulan, Llanffinan, Llanidan, Llangwyllog,
　　Llanfwrog, Llanfaelog a'i blas,
Llanddona, Llansadwrn, Llaneugrad, Llanallgo, a Llanfair-yng-
　　Nghornwy, Llangwyfan, Llanfaes,
Llanfaethlu, Llanfachraeth, Llanrhuddlad, Llangeinwen,
　　Llandrygarn, Llandyfrydog a Llannerchymedd,
Llanrhwydrys, Llanfechell a Llanfair Mathafarn, Llanfugail,
　　Llanfflewyn, Llan Llwyfo – bro hedd.

Llanddeusant, Llanddyfnan, Llanddaniel, Llanedwen a Llanfair-
　　yn-Neubwll, Llaniestyn, Llangoed,
Llanfihangel-yn-Nhowyn, Llanfair-yn-y-Cwmwd, Llaneilian,
　　Llanbadrig, Llangefni erioed,
Llanynghenedl, Llangaffo, Llantrisant, Llanbabo, Llanfihangel-
　　din-sylwy a Llanbedrgoch,
A Llanfairpwllgwyngyll go ger y chwyrn drobwll, Llantysilio go-
　　go-goch.

Nid oes gen i yr un syniad pwy aeth ati i gyfansoddi'r
geiriau hyn ac rwy'n ymddiheuro am eu cynnwys heb
ganiatâd. Ond credaf eu bod yn haeddu cael eu cyhoeddi
hyd yn oed os mai er diddordeb newyddbeth yn unig!

Cwrw Da

Yn un o'r canolfannau sesiyna ceir cwrw Tomos Watkin i'w fwynhau. Mae'r Cwrw Braf yn chwerw â blas cyffug hyfryd sydd heb lawer o gic, ond sy'n gwrw hawdd i'w yfed a'i fwynhau. Yna ceir poteli o'r Cwrw Haf, sydd yn chwerw goleuach na fydda i'n ei ddewis yn aml. Rhyw flas ysgafn sydd arno, fel yfed medd yn yr haul. Cwrw Gaeaf yw'r ffefryn – cwrw tywyll, cryf a blas hopys llawn arno ac fe wnaiff bartner da i gerddor am sawl awr. Does dim llawer o fynd ar Gwrw Blodwen gan y cerddorion, ond pawb at y peth y bo, mae'n debyg!

Bu sôn erstalwm am sesiynau cegin a phawb yn yfed te neu goffi. Mi fûm mewn ambell un o'r rheini, ond daw'r amser i gydnabod bod cwrw'n mynd gyda sesiyna ac yn rhan annatod o'r traddodiad. Mae enwau rhai o'r alawon a'r caneuon yn cydnabod y cysylltiad hefyd, wrth gwrs: 'Cwrw Da', 'Y Facsen Felen', 'Cwrw Melyn Bach', 'Glan Meddwdod Mwyn', 'Y Dyn Meddw' ac yn y blaen.

Gall cwrw ddifetha noson, gyda'r bysedd yn arafu ac yn llithro yn hytrach na tharo'r nodau, ond ar yr un pryd gall sicrhau bod yr hwyliau'n cael eu hadlewyrchu yn y chwarae. Daw'r gerddoriaeth orau o'r cyfnod hwnnw o'r noson ar ôl i'r cerddorion gael ambell beint ond cyn i'r ddiod effeithio o ddifri arnynt. Ar yr adeg honno deil y gerddoriaeth i hedfan, yr ennyd arallfydol honno pan ddaw'r cyfan at ei gilydd yn gyfanwaith o gyd-symud perffaith. Bydd ambell sesiwn yn hawlio munudau lawer o gerddoriaeth yn 'fflio', tra bod ambell sesiwn heb y fath ddigwyddiad yn agos ati. Heb os nac oni bai, mae'r cwrw'n gymorth i alluogi mwynhad.

Un o'r cwmni sy'n hoff o'r sesiyna sydd yn rhannol gyfrifol am yr ŵyl gwrw leol. Aiff ati'n flynyddol i sicrhau lle i griw o sesiynwyr Cymreig yn yr ŵyl a'u talu mewn cwrw. Does dim angen llawer o berswâd ar y criw i ganu yno a gwych yw gweld y Gymraeg yn cael ei lle yn y rhaglen.

Bu cryn drafod rywdro sut y dylid cyfieithu 'Great Beer Festival' i'r Gymraeg. Rhaid oedd canfod ffordd dda o hysbysebu yn y Gymraeg a bu cryn ystyried i enwau megis 'MaesYfed' ac ati. Roedd Gareth Rees wedi gwneud ei waith cartref a chanfod bod y gair 'cwrw' yn ymddwyn yn debyg i 'gwddw' o'i droi'n lluosog, gan roi'r gair 'cyrfau' (neu 'gyrfe') i ni. A Gareth ar ganol trafod Gŵyl y Cyrfe Mawr, dychwelodd Dai o'r tai bach ac mewn cryn syndod dywedodd, 'Arglwydd yr uffar! Feddylies i 'rioed y bydde ti'n trefnu Cyrdde Mawr, bachan!'

Ceir gwahanol groeso, wrth reswm, mewn gwahanol dafarndai. Peidied neb â mynd i dafarn Wetherspoons i ganu neu chwarae sesiwn – fe'ch gwaherddir. Bu'n brofiad anffodus rywdro i ni gael ein bygwth gan fownsar yn un o'r tafarnau hynny oherwydd i ni ganu cân Gymraeg. Trueni am y traddodiad hwnnw gan Wetherspoons; byddent yn dafarndai cymaint brafiach petasent yn caniatáu ambell gân.

Mewn tafarn arall cawsom gennad i sesiyna a chael tâl am wneud, a hynny mewn ardal Gymraeg ei hiaith. Dyma gyrraedd a chymryd ein lle o amgylch bwrdd i ddechrau chwarae, ond roedd cerddoriaeth bop yn y cefndir. Aethpwyd ati i ofyn i weinyddwr y bar ddiffodd y gerddoriaeth Anglo-Americanaidd swnllyd a chael cryn syndod gan iddo ddweud bod bechgyn y dartiau yn y bar

Aneirin a Geraint yn nhafarn y Queens, Abertawe

nesaf eisiau ei chlywed, felly byddai angen i ni chwarae ar draws yr uchelseinyddion. Dyna groeso aflafar! Ni fuon ni yno'n hir ac nid awn ni yno fyth eto!

Bydd ambell dafarn arall yn rhoi croeso gwerth chweil. Bydd cwrw gwych a bwyd arbennig i'r cerddorion i gyd yn y Sheps yn Felindre (ger Abertawe) a gwên gynnes ar wep Rob y tafarnwr. Mewn tafarn arall yn Abertawe, y Queens ger y Marina, ceir croeso penigamp a thafarn gyfan o bobl yn awchu am hwyl a chanu.

Mewn un dafarn arbennig daethpwyd i sylweddoli'n eithaf buan bod y tafarnwr, a fu rywdro yn y gorffennol yn aelod o gôr meibion, yn gwirioni ar y gân 'Myfanwy'. Anarferol fyddai canu 'Myfanwy' mewn sesiwn werin, ond bu'n rhaid i'r Eos (Chris Reynolds) roi tro arni. Cyn pen dim roedd y tafarnwr yn wylo'n hidl (na, doedd y canu ddim cynddrwg â hynny) a thocynnau cwrw am ddim yn cael eu dosbarthu ymysg y cerddorion! Bellach, bob tro y byddwn yn mynd i'r dafarn honno bydd pawb yn galw ar yr Eos, ar ddechrau'r sesiwn bron, i ddatgan 'Myfanwy' yn bersain er mwyn cael cwrw am ddim!

Caiff rhywun syndod o'r ochr orau yn aml mewn tafarnau annhebygol. Mewn tafarn a fynychid gan mwyaf gan sipsiwn a theithwyr roedd y croeso'n wych a'r holl dafarn yn dawnsio i'r jigiau a'r riliau. Cyn canu roedd rhai o'r criw yn amheus iawn am fynd drwy'r drws heb sôn am chwarae cerddoriaeth werin Gymraeg a Chymreig yno, ond ni fu unrhyw ddifaru ar ôl dechrau.

Yna, mewn tafarn Seisnig iawn mewn tref glan môr cafwyd croeso arbennig iawn hefyd. Aeth rhai o'r cwsmeriaid ati i brynu cwrw i ni, ond heb fynd i gwyno'n ormodol am eu haelioni, stowt oedd ar y fwydlen a dim ond stowt! Wedi dod i ddeall, roedd pawb yn credu mai Gwyddelod oedden ni ac mai gwin y gwan fyddai'n ein diddori! A dyna brofiad cyffredin ar draws Cymru – pobl leol yn credu mai cerddoriaeth Wyddelig ydyw'r gerddoriaeth Gymreig draddodiadol. Clywais ar lawer achlysur Gymry'n dweud 'Dwi'n hoffi'r miwsig Iddewig yma' gan olygu, am wn i, 'Gwyddelig'! Clywais hefyd nifer yn dweud 'It reminds me of my holidays in Greece'!

> Hoff adlais hen, hen ffidlau – a lywia
> Alawon hen dddawnsiau
> O'n ddoe, cawn hoe i fwynhau
> Hamddenol swynol seiniau.

Cawn wahoddiad ambell dro i ganu i gymdeithas ddiwylliannol neu i godi arian i elusen neu gyffelyb. O'r herwydd bydd nifer o'r rhai sy'n mynychu ddim wedi arfer â diwylliant gwerin tafarnau ac yn hytrach, drwy reddf capel a chyngerdd, yn eistedd yn dawel lonydd i wrando ar bob smic. Nid peth felly ddylai sesiwn fod, wrth gwrs. Dylai'r gerddoriaeth fod yn hwyl i'r cerddorion ac yn atynfa ychwanegol i'r yfwyr. Nid cyngerdd mohono ond cerddoriaeth gefndir bron iawn i fynychwyr y dafarn, rhyw fiwsac o'r oes a fu.

Bydd ambell sesiwn wedyn lle ceir cymeradwyaeth ar ôl pob cân neu alaw. Does dim o'i le ar hynny, ond nid dyna yw disgwyl y cerddorion. Eisteddwch, siaradwch, mwynhewch, canmolwch (os yw hynny'n berthnasol!) a dawnsiwch os y'ch symudir i'r fath raddau. Y peth pwysig yw peidio bod ag ofn siarad ar draws y gerddoriaeth. Siaradwch, trafodwch a daliwch ati pan ddaw'r gerddoriaeth i derfyn.

Daw llonyddwch i barthau sesiwn werin pan fo'r Eos yn canu, neu unrhyw un arall o ran hynny. Y llais acwstig yw'r sŵn cryfaf mewn unrhyw dafarn, gan dynnu sylw yn llawer rhwyddach nag unrhyw offeryn, y pibau cod hyd yn oed, a hawlio sylw lle byddai llais drwy feicroffon a system sain yn cael ei foddi'n syth.

Beth tybed sydd i'w gyfrif am rym y llais unigol mewn tafarn? Profais yr un peth yn Iwerddon ac yn yr Alban. Rhywun yn taro cân werin draddodiadol neu gân werin gyfoes a'r holl le yn distewi ar unwaith. Ceir rhyw barch anesboniadwy gan bawb yn ddiwahân i'r canwr gwerin unigol. Pam?

Ac felly, cwrw da! O gael gafael ar dafarn sydd yn edrych ar ôl y cwrw, yn ei werthfawrogi, yn ei gadw'n iawn ac yn cadw'r offer yn lân, heb sôn am ei dywallt yn iawn, does dim gwell. Cefais brentisiaeth benigamp yn y Stag yn Nolgellau flynyddoedd yn ôl. Yno ar nos Wener, ac ar ambell noson arall, byddai'r gwmnïaeth yn wresog, yr hwyliau'n llawen a'r gymuned yn un Gymraeg. Cyfeillion o wladgarwyr yn llawn hwyliau, eu straeon ffraeth yn codi llawenydd i'r entrychion ac yna ambell gân.

Sylweddoliad

Yn alltud teithiais bellter – yn wylaidd
    Fe chwiliais am bleser,
   Nawr heb os – gwn 'sdim mor bêr
   Â sesiynau nos Wener!

Cynhelid sesiwn werin yn y Stag yn Nolgellau bob nos Wener am flynyddoedd maith. Dan Morris fyddai'n arwain fel rheol ac yn dysgu cyfrinachau'r alawon i bawb a phopeth fel rhyw dderwydd o'r oes o'r blaen. Byddai Ywain Myfyr yno yn cyfeilio â'i gitâr a'r tabwrdd Gwyddelig (*bodhran*), minnau ar y fandolin ac yna byddai criw o rai eraill yn ymuno'n achlysurol, rhai'n amlach na'i gilydd wrth gwrs. Emlyn Gomer fyddai ein jiwc-bocs dynol, yn cofio geiriau rhai cannoedd o ganeuon ac yn ein harwain yn aml at glasuron Geraint Jarman a Meic Stevens a'u tebyg. Yna byddai Hefin Traws (neu Hef Glo) yn dod gyda'i fanjo newydd ac yn dysgu gan Tudur Huws Jôs – brenin y banjo. Byddai rhai fel Arthur Tomos yno wedyn yn arwain y canu, gan adrodd ambell englyn gwerth chweil a dweud jôcs bob yn ail.

Byddai'r sesiynau yn mynd i gyfeiriad y Bermo i'r Last Inn i gael canu wrth y tân mawr agored yno, i Langefni i dafarn y Railway a chael canu yng nghôl y graig, ac ymhellach o dro i dro.

Mae'n bwysig dewis y tafarnau yn ofalus, wrth gwrs. A beth sy'n gwneud tafarn dda ar gyfer sesiyna? Awyrgylch Cymreig? Mae hynny'n bwysig, wrth gwrs, ond ddim yn hollol angenrheidiol bob amser. Mae tafarn hwyliog yn angenrheidiol, a thafarnwr croesawus yn gymorth mawr, heb son am gwrw da.

Fe wyddom oll am ddeg prawf George Orwell o'r dafarn berffaith yn ei ysgrif 'The Moon Under Water'. O'i aralleirio a'i gyfoesi, dywedodd fod yn rhaid i dafarn dda:

i.   Gael pensaernïaeth a dodrefn Fictoraidd

ii.   Gadw gêmau tafarn (fel dartiau) mewn rhan o'r dafarn nad yw'r cwsmeriaid yn ei mynychu fel rheol

iii.   Fod yn ddigon tawel i allu cael sgwrs heb gerddoriaeth yn tarfu

iv.   Fod â staff sydd yn gwybod enwau eu cwsmeriaid ac sydd yn cymryd diddordeb ynddynt

v.   Werthu manion eraill megis stampiau neu aspirinau a gadael i chi ddefnyddio'r ffôn

vi.   Werthu snaciau megis brechdanau neu bicls ac ati

vii.   Ddarparu cinio da, iachus a rhad

viii.   Fod â chwrw ardderchog

ix.   Roi cwrw mewn gwydr addas a ddarperir ar ei gyfer gan y bragwr

x.   Gael gardd fel bo'r teulu cyfan yn gallu mynd yno, nid y tad yn unig.

Bu fy nghyfeillion a minnau'n chwilio'n hir ac yn ddyfal am y dafarn orwych hon lle ceir y deng nodwedd hyn, ond ni chawsom hyd iddi hyd yn hyn. A beth bynnag, gellid haeru ein bod ni yn sbwylio'r drydedd reol ein hunain drwy ddod â cherddoriaeth werin yn ein sgil.

Cofiaf i 'nhad sôn am hen rigwm o Niwbwrch a genid erstalwm:

> Peint a chwart a chwpan melys
>   Sydd yn nhafarn Elin Morus,
> Pan fydd Elin Morus farw
>   Mi ro i'r gorau i yfed cwrw.

Mae angen i'r cwrw edrych yn iawn i ddechrau. Mae angen iddo fod yn frown tywyll ond yn glir ar yr un pryd. Mae angen i'r ewyn fod yn berffaith wyn ac yn ewyn go iawn, dim rhyw swigod bach di-ddim. Rhaid wrth flas chwerw, heb *fizz* ond yn fywiog. Rhaid i'r cwrw fod ar dymheredd ystafell – dyw cwrw chwerw oer yn dda i ddim. Rhaid hefyd i'r gic fod yn iawn, dim gormod i feddwi dyn ar ôl peint neu ddau ond digon i roi gwres yn ei galon. Yn bersonol, tueddaf at y cwrw tywyllach ac at y blas brag a chyffug myglyd melys.

Pwy na fynnai gwrw da?

Erddigan
y Pibydd Coch

Pan fo awyren yn glanio ym maes awyr Caerdydd, sut mae gwybod bod pibgornwyr arni? Wedi i'r peiriannau ddiffodd byddwch yn dal i allu clywed sŵn gwich gwynfanllyd!

Dywedir mai offeryn i'w chwarae wrth symud gwartheg neu dda byw oedd y pibgorn, neu'r cornicyll, yn wreiddiol, ac mae cofnod ohono'n cael ei ddefnyddio gan borthmyn ar draws Cymru. Yn ôl Arfon Gwilym yn ei lyfr gwych *Cerddoriaeth y Cymry*, ceir cofnod gan Clwydfardd o'u defnydd gan weision ffermydd yn y ddeunawfed ganrif ac yna sonnir yn un o lythyrau Morrisiaid Môn: 'Difyr oedd gweled llanciau cadw â'u pibau cyrn dan eu ceseiliau... yn hel gwartheg tan chwibanu "Mwynen Mai" a "Meillionen".' Gwyddom hefyd y byddai rhai cannoedd yn tyrru i'r gystadleuaeth pibgorn flynyddol ar Ynys Môn. Erbyn heddiw fe glywir y cornicyll mewn ambell sesiwn o amgylch y wlad. Ond trueni yw hynny, nid rhywbeth i ymfalchïo ynddo! Hen sŵn cras ac annifyr sydd iddo, rhyw wich swnllyd sydd yn treisio awyrgylch sesiwn yn aml

117

gyda'i sgrech gwynfanllyd. Offeryn i'r awyr agored ydyw ac felly y dylai fod!

Dywed rhai bod tebygrwydd arwyddocaol rhwng y *bombard* Llydewig a'r pibgorn Cymreig a bu cryn drafod ar y pwnc hwnnw ar draws y byd gwerin, gan geisio canfod prawf o'r cysylltiad hanesyddol. Yn fy marn i, does dim dadl am y peth: mae'n amlwg fod y ddau offeryn yn perthyn a'r dystiolaeth o hynny yw'r sŵn erchyll a ffiaidd a grëir gan y ddau.

Mewn ambell ŵyl werin Geltaidd ceir grwpiau *bombard* i ddifetha pob dim. Criw o ddeg neu fwy o unigolion tristach na thrist yn llofruddio cerddoriaeth. Daw'r un math o synau hyll gan ambell grŵp pync *bombard* megis Les Ramoneurs de Menhirs. Diolchwn yn raslon a chynnes am fethiant ambell draddodiad yng Nghymru! Pa ryfedd bod y gair 'bombard' yn tarddu o'r un fan â 'bombardment' mewn rhyfel?!

Yng Nghymru hefyd ceir traddodiad pibau cod. Caf yr hwyl ryfeddaf yn gwadu hynny gyda'r rheini sydd yn ymddiddori yn yr offeryn ac sydd am ei arddel fel offeryn traddodiadol Gymreig! Mae'n debyg bod tystiolaeth y cenid pibau o'r fath yng Nghymru mor ddiweddar â chanrif a hanner yn ôl a bod traddodiad di-dor hyd at yr amser hwnnw. Ond mae'n anodd

i unrhyw un sydd â chlust gerddorol ddygymod â'r syniad hwnnw gan fod pibydd, yn fy marn i, yn llwyddo'n aml i droi sesiwn yn sioe bibgod gan fyddaru pawb a phopeth.

Dyma offeryn arall sydd yn llwyddo'n well yn yr awyr agored ac yno, yn wir, y daw i'w fri, yn arwain ysbaid o fyfyrio, neu'n arwain cân, neu'r anthem. Y pibau sydd yn rhoi urddas yn seremoni Cilmeri yn flynyddol, y pibau sbardunodd sbri yn nhafarn y Dic Penderyn ym Merthyr Tudful beth amser yn ôl, gan arwain hanner y dafarn ar orymdaith hwyliog, a'r pibau yw'r unig offeryn all arwain ein hanthem genedlaethol mewn arddull addas.

Felly, rhowch i mi bibau unrhyw bryd os am seremoni neu arweiniad difrifol, neu hyd yn oed am hwyl. Ond cadwch y pibau cod a'r pibgyrn ymhell oddi wrth sesiynau!

Melltith i'r Pibgyrn a'r Pibau Cod

Hen swyn roddaf ar eich synau – a hallt
   Felltith ar eich nodau;
  Ni ddaw chwib mwy o'ch pibau
   Ond clegar, galar a gwae!

Afiach glegar gwrach fyddo'ch hen sgrech – hyll
   A gwallus pob ymdrech
  A chwythu uchel wnelech,
   Alaw'n fraw – aflafar rech!

Rheibiaf alaw ddigrebwyll – a rhoi rheg
   Ar wich fondigrybwyll,
  Rhoddaf gic i'ch cornicyll
   Â sen oer i'ch swynion hyll!

Doed a Ddêl

Dim ots pa mor galed y ceisiaf gofio rhai alawon, ni ddônt fyth i'r fei yn fy nghof. Felly, byddaf yn eistedd mewn sesiwn yn bwriadu chwarae rhyw glasur, 'Diferiad y Gerwyn' ddywedwn ni, ond ddaw hi ddim. Eisteddaf yno'n dawel yn ymbalfalu yng nghoridorau'r cof. Sut mae hi'n cychwyn? Os caf y nodyn neu ddau cyntaf mi ddaw'r gweddill yn ddigon rhwydd, ond o le y daw'r nodau cyntaf hynny?

Ydych chi'n cofio'r rhaglen deledu o'r saithdegau, *Name That Tune*? Plentyn oeddwn i, wrth reswm, a phrin yw'r atgofion, ond mae gen i gof o gystadleuwyr yn brolio eu bod yn mynd i allu enwi'r alaw/cân ar ôl clywed un nodyn yn unig. Un nodyn! Ac yna, rhyfeddod o ryfeddodau, byddai'r pianydd yn taro'r un nodyn a byddai'r cystadleuydd yn dweud enw'r gân yn gywir! Sut gallai hynny ddigwydd? Sut gallai unrhyw un ar wyneb daear gyfan fyth allu adnabod cân o glywed un nodyn yn unig? Gwyrth a rhyfeddod! A minnau? Caf drafferth cofio dechrau yr alaw 'Y Derwydd' a honno'n alaw dwi'n ei hadnabod yn berffaith! Rwy'n eistedd yma'n teipio yr eiliad hon ac yn fy myw ni allaf ei chofio.

Daw enwau rhai alawon a'r alaw ei hunan yn naturiol fyw heb lawer o drafferth. 'Ymdaith y Brenin Siôr', er enghraifft. Prin bod angen meddwl mwy nag eiliad neu ddwy i gofio'r dechrau gorymdeithiol. Mae rhythm yr alaw a'r nodau yn swnio'n frenhinol, y math o alaw y byddai plentyn yn ei chanu petasai'n chwarae cogio llys brenhinol! Neu ystyrier 'Y Ferch o'r Sgêr', alaw arall ddaw i'r cof heb fawr o drafferth, er mai anaml iawn y byddaf yn ei chwarae, a hynny gan fod y nodau cyntaf mor drawiadol ac anghyffredin ymhlith alawon Cymru.

Mae meddwl cerddorion sesiwn yr un fath â chyfrifiadur yn union! Mae'n bosib dileu ffeiliau o'r cof, ond mae'n hawdd eu hadfer hefyd. Mae'n amhosib fformatio a dileu'r gyriant yn llwyr! Ar fy nghyfrifiadur i mae'r gallu i wneud yr hyn a elwir yn 'de-fragment' a galluoga hynny iddo ganfod pethau o'r cof ynghynt gan glirio sbwriel a rhoi trefn ar yr eitemau pwysig. Trueni mawr na ellid gwneud 'de-fragment' ar fy meddwl innau yn achlysurol.

Gall sesiwn dda glirio cof y cerddor ac yn sydyn, pan chwaraeir rhyw alaw a fu'n pylu ers blynyddoedd, fe ddaw yn ôl yn syth a bydd y bysedd yn chwyrlïo a'r gerddoriaeth yn dychwelyd. Sut gall hynny fod, tybed? Sut gall y cof gadw'r holl alawon a'r holl wybodaeth ymhell yn ei grombil ac yna'u gwthio i'r blaen ar yr union adeg y mae eu hangen? Ac yn fwy o ryfeddod fyth, mae'r bysedd yn dawnsio ar hyd cledrau'r cribellfwrdd heb orfod meddwl am yr un eiliad.

Tybed ai rhyw fath o radio yw cof cerddorol fel hwn, cof sydd yn gallu chwarae unrhyw beth os ydyw wedi cael ei ddysgu unwaith, ond bod yn rhaid wrth diwnio i'r sianel gywir cyn gallu atgyfodi alaw arbennig? Nid radio digidol yw'r ymennydd cerddorol ond hen radio o'r oes a fu lle mae'n rhaid troi'r olwyn ar flaen y radio i ganfod yr orsaf gywir a tharo'r nodau.

Ond mae rhai alawon na chofiaf doed a ddêl. Waeth beth ddigwydd, ni ddaw'r nodau a byddaf yn eistedd yno rhwng alawon eraill yn ceisio osgoi dal llygad cerddor arall na dechrau sgwrs er mwyn cael meddwl clir i ddod â'r alaw yn ôl. Ond yn ddi-feth bydd rhywun arall yn ystyried yr oedi yn gyfle iddynt gael dechrau alaw arall a bydd y cyfle wedi'i golli.

Tybed a oes gan y dull o ddysgu'r alaw yn y lle cyntaf ryw ddylanwad ar y gallu i gofio? Tybed a ydy hi'n haws cofio alaw a ddysgwyd mewn sesiwn yn naturiol o'i chymharu ag alaw a ddysgwyd o lyfr? Er fy mod yn gallu darllen cerddoriaeth yn weddol, nid wyf yn ddigon hyddysg i allu chwarae'n syth o'r ddalen ac anaml iawn y byddaf yn ceisio dysgu yn y dull hwnnw, ond tybed ai dyna beth sydd o'i le ar yr ambell alaw fydd yn mynd ar goll?

Bydd y rhan fwyaf o bobl sydd yn ymddiddori mewn cerddoriaeth werin yn cytuno nad oes modd cofnodi alaw werin yn gywir gyda nodau/dotiau ar bapur. Ceisia theorïau cerddoriaeth glasurol roi trefn, safonau a rheolau ar gerddoriaeth er mwyn ei gwneud yn hawdd cofnodi a dysgu neu chwarae o'r papur. Ond nid felly y mae alawon gwerin i fod. Ni ellir cofnodi ambell rythm naturiol a fu'n rhan annatod o ambell alaw gan nad yw'n dderbyniol i gofnodwr. Mae'n bosib bod ambell nodyn i fod ar y donfedd/sain arbennig, ond yn ôl safonau clasurol y byddai'n swnio 'allan o diwn' ac felly fe gofnodir y nodyn yn y dull safonol. O'r herwydd, tybed a yw hi'n anos dysgu alawon gwerin oddi ar dudalen neu lawysgrif?

Ac yna, gan arddangos gallu bron yn arallfydol, bydd o leiaf un unigolyn ar bob achlysur mewn sesiwn yn meddu ar gof ffotograffig neu ddigidol! Bydd yr unigolyn hwnnw yn cofio pob alaw a phob cân i'w chanu.

Ac felly dyma eistedd rhwng alawon gyda pheint a dechrau trafod newyddion y dydd, neu bêl-droed, neu wleidyddiaeth neu ryw bwnc diflas arall a bydd rhywun yn taro alaw. Does gan neb o'r criw lawer o ddiddordeb yn ei chwarae a bydd yna hyd yn oed rywfaint o godi aeliau a rowlio llygaid. Ond yna, er tegwch, urddas a pharch, bydd pawb yn tawelu ac o dipyn i beth aiff rhywrai ati i ymuno. Ac yn araf deg, a'r criw ar fin taro'r gytgan am yr eildro, bydd pawb yn sylweddoli hyfrydwch yr alaw a bydd ysbryd pawb yn hedfan fry. Pam nad oedden ni'n cofio am hyfrydwch persain yr alaw hon? Pam ei bod wedi bod yn cuddio gyhyd?

Gall y fath brofiad newid awyrgylch a chanolbwynt sesiwn ac yn sydyn bydd yr holl griw wedi rhoi'r gorau i ganu jigiau a riliau er mwyn rhoi eu holl ymdrech i ganu'r alawon hynny a gwyd yr enaid doed a ddêl.

Ffarwél i Aberystwyth

Gwnaf ddioddef gwae dechrau'r daith – yr wylo
   A'r ffarwelio'n artaith
  A holl hynt y gruddiau llaith
  I ganu'r alaw ganwaith.

Ffarwél y Telynor i'w Enedigol Wlad

Mynd yr wyf o fy ngwlad
  Lle mae f'annwyl mam a thad;
Gwae i mi ddod y dydd,
  Dagrau dreiglant dros fy ngrudd:
Ysgwyd llaw, braw i'm bron,
  Adael hen gymdeithion llon:
Eiliwn dôn, Delyn fwyn,
  Chwydded hiraeth yn fy nghwyn.

Talhaearn

Alaw hyfryd, os lleddf, gan John Thomas yw hon, a geiriau hiraethus perffaith i gyd-fynd â hi o awen Talhaearn. Nid peth anghyffredin yw canu alawon trist ym myd y telynorion, fe ymddengys. Fe ŵyr pawb am 'Dafydd y Garreg Wen' a'r hanes tu ôl i'r cyfansoddi ac mae hanes chwedlonol yr alaw 'Ffarwél Ednyfed Fychan' yn ddiddorol.

Dywed Robert Griffith yn ei glasur *Llyfr Cerdd Dannau*, a gyhoeddwyd yn 1913, mai pendefig urddasol o Blas Tregarnedd ym Môn, tua 1199, oedd Ednyfed Fychan. Aeth gyda'r lluoedd am wlad Palestina i Ryfeloedd y Groes gan adael ei wraig a'i blant ar ôl ar Ynys Môn. Cyn mynd, cyfansoddodd alaw ar ei delyn, sef 'Ffarwél Ednyfed Fychan', a'i chanu ar gyfer y teulu oll. Aeth blynyddoedd meithion heibio cyn iddo ddychwelyd i Gymru a phan gyrhaeddodd Dregarnedd doedd neb yn ei adnabod, dim hyd yn oed Angharad, ei ferch. Ond wrth iddo ganu'r alaw ar y delyn llwyddodd i atgoffa pawb o bwy ydoedd.

Roedd alawon ar y delyn yn amlwg o ddiddordeb ac yn apelio at y teulu hwn. Edrydd *Cymru Fu* am ei ferch, Angharad, yn canfod cariad, Einion ab Gwalchmai: 'A gwedi paratoi ciniaw, a phawb o'r cerddorion yn ffaelu a chyweiriaw'r delyn i Angharad, y codes Einion, ac a'i cymerth yn ei law, ac a'i cyweiriodd; ac a chweris arni gainc a garai Angharad, a synnu yn anfeidrol a wnaeth hi, a gofyn iddo pwy ydoedd.'

Deil y delyn yn boblogaidd yng Nghymru, wrth gwrs, ac fe'i clywir mewn sesiynau yn aml. Rhyfedd yw ystyried bod y fath ddiwylliant â'r byd sesiynau gwerin yn dal i oroesi ac, i raddau, yn ffynnu, heb yn wybod i'r rhan helaeth o boblogaeth Cymru. Nid felly y bu hi erioed.

Soniais eisoes am y traddodiad diwylliant gwerin yn Nolgellau a'r datblygiadau o safbwynt gwyliau gwerin drwy'r ugeinfed ganrif a arweiniodd at sefydlu Tŷ Siamas yng nghanol y dref. Roedd y traddodiad dipyn hŷn na hynny, wrth reswm, ac mae'n anodd credu erbyn hyn, o edrych yn hanesyddol, faint o fywyd oedd i'r byd cerddoriaeth mewn tref fechan fel Dolgellau. Ac mae'n siŵr bod yr un peth yn wir ar draws Cymru gyfan. Yn *Llyfr Cerdd Dannau* cofnododd Robert Griffith hanes telynorion o'r bedwaredd ganrif ar bymtheg a chynt ar draws Cymru. Dyma'r rhai y sonia amdanynt oedd â chysylltiad gyda thref Dolgellau a'r ardal, ac fe ymddengys bod yr hen dref yn berwi gan delynorion yn ystod y bedwaredd ganrif ar bymtheg!

Roedd Richard Ellis yn delynor o'r ail ganrif ar bymtheg a aned yn Llanuwchllyn. Mae'n debyg iddo farw o dorcalon wedi clywed cerdd oedd yn gosod telynor y Nannau, Elis Sion Siamas, yn well nag ef:

> Mae Elis Sion Siamas,
> Yn amgenach ei bwrpas,
> Na Richard Elias o lawer.

Bu Elis Sion Siamas (enwyd Tŷ Siamas ar ei ôl ef) yn delynor i'r Frenhines Ann. Cenid y gerdd ganlynol iddo:

> Parch yw fy mhwrpas, i Elis Sion Siamas,
>   Telyniwr mawr urddas dda fwynwas hyd fedd;
> Pen miwsic holl Gymru, am g'weirio ac am ganu,
>   Fe ddarfu i Dduw rannu iddo rinwedd.

Saesneg yw'r gerdd ar garreg fedd Hugh Ellis, a aned yn 1714 yn Nhrawsfynydd ac a foddodd yn 1774 yn Nhywyn. Yno ar ei garreg fedd mae'r gerdd hon, a ddisgrifir gan Robert Griffith fel 'pennill anheilwng':

> The Nymphs of the flood were rutting, plague rot 'em,
>   With the genius of music when he went to the bottom;
> Their care and attention would else have supported,
>   The child of the harp, whom the Muses all courted.

Roedd Thomas Ellis yn 'ddatgeiniad lled enwog' o Ddolgellau tua dechrau'r bedwaredd ganrif ar bymtheg. Tua'r un adeg roedd telynor arall, Evan o Glanafon ger Dolgellau, yn enwog fel 'chwareuydd mewn interliwdiau, ac fel clerwr, ac am delynori mewn nosweithiau llawen, a gwyliau mabsantau'. Hefyd roedd 'Mrs Williams' yn delynores fedrus dros ben yn ystod yr un degawd. Tua'r un cyfnod ar ddiwedd y ddeunawfed ganrif roedd Morris Roberts yn gwneud telynau yn y Bermo ac yn bur adnabyddus.

Roedd Robert Davies o Ddinas Mawddwy yn 'ddatgeiniad lled enwog gyda'r tannau' tua 1840 a thua'r un adeg roedd Richard Thomas o'r un pentref yn delynor heb ei ail. Symudodd i Lundain i weithio mewn 'ariandy' ac ymunodd â'r Cymrodorion yno yn 1843. Yn ogystal â bod yn swyddog yn yr ariandy bu'n athro ar y delyn yn Llundain cyn dychwelyd i Ddinas Mawddwy. Ceir y nodyn digrif hwn yn y *Drych* am weithgareddau'r Cymmrodorion:

> Arferai Mr Richard Thomas ein difyrru ar ôl gohiriad y cyfarfod ag Alawon Cymreig; yr oedd ganddo lais swyngar. Pan roddodd ei swydd i fyny aeth i ddiweddu y rhelyw o'i oes i Ddinas Mawddwy. Dyn da ydoedd. Ni anwyd [ef] yn areithiwr; ac yn ffodus, gwydd[ai] hynny.

Yn nhafarn y Ship yn Nolgellau tua 1829 canai Aneurin James y delyn. Roedd ei dad, Griffith James, yn delynor a bardd a aned yn Nolgellau yn 1759. Roedd ei dad yntau, Evan James, yn wneuthurwr telynau a chlociau a dysgodd Griffith y grefft o adeiladu telynau ganddo. Mae'n debyg bod Griffith yn canu telynau o'i wneuthuriad ei hunan ac edrydd traddodiad mai ef a ddyfeisiodd y delyn ddwyres bedal a wnaed yn Llundain yn 1821, y *Cambrian pedal harp*. Er ei fod yn un o 'wirfoddolwyr' (*militia*) Meirionnydd ac o'r herwydd yn arddel yr enw 'Sergeant James', roedd diwylliant yn perthyn iddo ac enillodd ar gystadleuaeth yr englyn yn Eisteddfod Wrecsam yn 1820. Bu'n byw yn Cheltenham, Llundain a Rhydychen. Dywed Idris Fychan ei fod yn 'gerddor tra chwaethus' ac na fyddai unrhyw un yn canu pennill maswedd o'i flaen. Teithiodd o Rydychen i weld ei fab, Aneurin, yn 1829 a bu farw ar ei ffordd adref yn Amwythig yn ddeg a thrigain oed.

Yn 1825 y ganed Idris Fychan (John Jones), y telynor a gyhoeddodd yn 1885 y traethawd ar gerdd dant a enillodd wobr iddo yn Eisteddfod Genedlaethol Caer yn 1866. Dyma'r tro cyntaf i gyfarwyddiadau a rheolau cerdd dant gael eu cofnodi'n ffurfiol ac mae'n nodi gosodiadau oedd mewn bri ar y pryd. Crydd ydoedd wrth ei alwedigaeth, yn Nolgellau, nes iddo symud i Lundain yn 1850 ac yna ymlaen i Fanceinion tua phum mlynedd yn ddiweddarach. Ei fam a ddysgodd iddo ganu'r delyn ac roedd yn perthyn i Eos Meirion (Ellis Roberts). Fe'i claddwyd yn 1887 ym mynwent Ardwick ym Manceinion, sydd bellach yn gaeau chwaraeon. Ar ei gofgolofn yno roedd llun telyn a'r englyn

Ce's ddigon o ogoniant – gan y beirdd
  A gwên byd, a'i soriant;
O fewn y bedd, y dwfn bant,
Mwy i Idris nis medrant.

Brawd i Idris Fychan oedd Meurig Idris (Morris Jones) a ddywedodd amdano'i hun:

Ganwyd fi yn Nolgellau, ar y 15fed o Fedi, 1819. Fy rhieni oeddynt John ac Elin Morris. Anfonwyd fi i'r ysgol pan yn bedair mlwydd oed at un Mr. Pugh yr oedd ei ysgol ef yn cael ei chadw mewn llofft berthynol i Sign Delyn, yn y man yr adeiladwyd yr Ivy House gan Ieuan Awst. Yn yr amser yma dechreuais rigymu a phendroni. Yr oedd Ieuan Gwynedd a minnau yn dechrau dysgu cynghanedd tua'r un adeg. Ac meddai wrthyf unwaith, – "Yr wyt ti, Morris, am bob hen lyfr, ac yr wyf finnau am bob un newydd." Yn yr amser yma byddwn yn cael fy ngwahodd i'r Llwyn, a Nannau; ac felly deuthum yn dra chydnabyddus gyda thelyn a thant, ac yn bennaf gyda fy nghâr Ellis Roberts (Eos Meirion). A'r hwn a roddodd fwyaf o addysg mewn datganu oedd Lewis Roberts (Eos Twrog).

Roedd ganddo lais godidog, mae'n debyg, a hwnnw'n llais llawn ac uchel. Canodd ei frawd, Idris Fychan, iddo:

Llais y môr yw llais Meurig, – neu daran
  Yn ymdorri'n ffyrnig;
Crwn ydyw, sŵn crynedig,
Hynod mewn gormod o gig.

Er iddo fynd i glera, dychwelodd a dod yn enwog fel arweinydd eisteddfodau. Diweddodd ei ddyddiau oherwydd y parlys tra oedd yn athro yn Harlech ac yno ym mynwent yr eglwys y ceir ei fedd.

Gwen Roberts oedd nain Meurig Idris ac Idris Fychan ac roedd hithau'n canu'r delyn yn wych tua 1780. O'r un teulu y daeth Eos Meirion, Ellis Roberts, telynor enwocaf ei oes, a aned yn Nolgellau yn 1819. Dysgodd ei grefft gan Richard Roberts a ofynnodd iddo, mae'n debyg, 'Oes gen ti glust dda?' a'r Ellis ifanc yn ateb, 'Oes, mae gen i ddwy.' Bu'n gerddor swyddogol i Dywysog Cymru ac enillodd gystadlaethau lu ar draws Prydain. Canodd Talhaearn iddo:

Delynor! Ti a dynni dân
Eneidiol byw o'r tannau mân;
Dy delyn yn dy ddwylaw chwardd
Yn llawn o ysbrydoliaeth bardd;
Nac atal y melysol swyn
Sy'n hidlo o dy delyn fwyn,
Ti yrri ofal o bob bron
A phrudd-der dwys a wnei yn llon;
Dy geinciau pêr sy'n dofi gwŷn
Ac yn llarieiddio natur dyn
A deigryn serch a chalon lawn
A ddotiant ar dy ryfedd ddawn.

Bu farw yn sydyn yn Llundain yn 1873, a chanodd Dewi Wnion feddargraff iddo:

Talent mal teimlydd telyn – modd enwog
Meddiannodd yn blentyn
Mae'r bysedd hoywedd er hyn
Ffraeth rannau, heb ffrwyth ronyn.

Gelwid John Wood Jones, mab i Abram Wood (tad y 'Sipsiwn Cymreig'), yn John Jones Dolgellau gan iddo gael ei eni mewn pabell gerllaw'r dref. Bu'n delynor teithiol yn mwynhau bri mawr ar draws Cymru cyn iddo farw yn 44 mlwydd oed yn 1844. Ar ei feddfaen mae'r geiriau:

Ffydlawn, moeslawn, addfwyn aeth,
Trwy'r fydol daith orfodol sy';
A mudaw neud oddiyma wnaeth,
At gôr y telynorion fry.

Mae'r prysurdeb hwn ymysg telynorion yn Nolgellau rhwng 1750 ac 1870 yn hollol ryfeddol. Roedd Richard Owen o Drawsfynydd yn delynor o fri yng nghanol y ddeunawfed ganrif. Ganrif yn ddiweddarach roedd y telynor dall o Arthog, Richard Jones, yn ennill ar y delyn deires yn Eisteddfod Conwy yn 1879. Tua'r un cyfnod roedd William Jones o Lwyn Gwilym yn Ninas Mawddwy yn fedrus ar y delyn a hefyd roedd Evan Morris yn bencerdd lleol. Nid nepell roedd Rowland Richards o Fallwyd yn telynora hefyd a Cadwaladr Roberts o Ddolgellau yn 'ddatgeiniad tra theilwng'. Ar yr un adeg hefyd roedd telynores ddall o Dir Stent Bach, Dolgellau, Elen Owen, a ganai'r delyn ac roedd yn gantores wych hefyd a deithiai o amgylch plastai'r ardal i ddiddanu'r gwŷr bonheddig. Yn anffodus, ymunodd â'r Methodistiaid Calfinaidd ac fe'i cynghorwyd i roi'r gorau i ganu'r delyn. Edrydd y *Llyfr Cerdd Dannau*:

Hithau a gymerodd ei pherswadio felly, ac a gytunodd â'r awdurdodau, mewn galar a phrofedigaeth lem, i roi ei hen delyn o dan y gwely am byth.

Roedd un teulu penodol, sef y teulu Pugh, yn enwog yn y dyddiau hynny. Ganwyd y telynor gwych Hugh Pugh yn 1811. Arweinydd teithiau i ben Cader Idris oedd ei dad, Richard Pugh, a thrwy gyfrwng gwersi gan Richard Roberts o Gaernarfon daeth Hugh i ganu'r delyn deires yn fedrus iawn cyn ei fod yn wyth oed. Bu'n bur lwyddiannus mewn eisteddfodau ar draws gwlad ac yn uchel ei barch, ond cyfrifai ei hun yn un o'r telynorion gwaelaf gan ei fod mor wylaidd a gostyngedig. Fe'i penodwyd yn delynor i'r Gwyneddigion ac meddai Meurig Idris:

> Ei dannau, O! Mor dyner – y canent
>   Acenion melyster;
>   Ein Huw bach, a'i delyn bêr
>   Yn Llundain oedd eu llonder.

Bu farw'n 29 mlwydd oed ac fe'i claddwyd ym mynwent Bunhill Fields gyda phedwar englyn ar ei garreg fedd. Nodir englyn Meurig Idris gan Robert Griffith:

> Tra rhyfedd fod gwedd Huw gain – enwog ŵr
>   Tan garreg yn Llundain;
>   Ef fydd mwy yn ei fedd main
>   Er cur, Delynor cywrain.

Roedd ei frawd, Richard Pugh, ychydig yn hŷn ac roedd yntau hefyd yn bencampwr ar y delyn deires. Byddai pobl Dolgellau yn ei alw 'yn un o'r ffingrwrs gorau yn ei oes'. Bu'n gerddor cyflogedig yng ngwesty'r Owain Glyndŵr yng Nghorwen am flynyddoedd lawer ac wedi hynny yn gerddor i deulu Syr Huw Williams yn Llanelwy. Ei wraig oedd Jane Pugh ac roedd hithau yn delynores nodedig a fu'n 'fedrus am diwnio a ffingro' ar y delyn deires. Mae'n debyg iddi farw o fewn ychydig oriau i'w phriod.

Meddyg yn Nolgellau oedd Griffith Roberts ac roedd hefyd yn aelod o'r Cymmrodorion yn Llundain. Roedd yn un o delynorion gorau ei ddydd a cheir ei enw yn 1809 fel tanysgrifiwr ar gyfer clychau newydd i'r eglwys yn Nolgellau: 'Griffith Roberts, Surgeon, £2.'

Yn yr un modd ag Idris Fychan, crydd oedd John Roberts yn ôl ei alwedigaeth, ond y delyn oedd ei ddiléit ac roedd yn gyfaill pennaf i'r bardd clodfawr Dafydd Ionawr. Dywedodd Dafydd Ionawr amdano:

'Sgidiau a gwadnau gwydnion – gofynnaf
   Am genfâu esmwythion;
    Crefaf am bwythi cryfion,
    O dlws waith deheulaw Sion.

Ac meddai Idris Fychan amdano:

Euthum i weithio at Mr John Roberts, Tŷ Mawr, Dolgellau; yr
hwn oedd yn ddatgeiniad tra enwog. Medrai lawer o'r hen alawon
Cymreig ac fe fyddai yn eu chwibanu bron bob amser, pa un
bynnag ai yn eistedd neu yn cerdded y byddai. Dysgais lawer o'r
hen alawon wrth ei glywed ef yn eu chwibanu.

Bu farw yn 97 oed yn 1870.

Bu Eos Twrog, Lewis Roberts, hefyd yn byw yn Nolgellau
ac yno bu'n canu'r delyn a'r crwth yn ogystal â dysgu plant
yr ardal i wneud hynny. Roedd yn adnabyddus fel cerddor,
hanesydd gwladol a chrefyddol ac enillodd ar farddoniaeth
yn yr Eisteddfod Genedlaethol sawl tro. Canodd un o'i
ddisgyblion ar y delyn, Meirig Idris, iddo:

Ystyrir Eos Twrog – yn bencerdd
   A byncia'n odidog;
    Mwyn ei glust dan almon glog
    Drwy Wynedd yn dra enwog.

Difera clod i Feirion – o'i dalent
   Gyda'r delyn fwynion;
    Gŵr call yn deall y dôn
    Yw Twrog, hen ŵr tirion.

Diweddodd ei oes yn delynor ar hap i'r Llwyn a bu farw
yn 1844 yn bedwar ugain mlwydd oed. Ar ei garreg fedd ym
Maentwrog ceir beddargraff ar fesur anghyffredin yr englyn
toddaid:

Yma gorwedd myg wron – cywir-ddoeth
   Pen cerddor gwlad Feirion;
Eos Twrog, was tirion – oedd flaenor
Ym maes egwyddor y miwsigyddion.

Ganrifoedd lawer ynghynt roedd y telynor Rheinallt yn byw yn Nolgellau. Bu'n ymrysona canu telyn gyda Sion Eos, prif delynor Cymru, tua 1450 ac fe gyfeirir at yr ymryson ym marwnad Dafydd ab Edmwnd i Sion Eos:

Reinallt, nis gwyr ei hunan,
Ran gŵr, er hynny 'e gân;
Fe aeth ei gymar yn fud,
Durtur y delyn deirtud,
Ti sydd yn tewi â sôn
Telyn aur telynorion.

O'r un teulu, ond wedi Seisnigo ei enw, roedd John Reynolds, a hwnnw'n delynor yn y Wynnstay. Rheinallt arall oedd Sion Rheinallt o Lanfachreth a fu'n delynor i Syr Rhobert Vaughan o'r Nannau. Roedd yn dipyn o ffefryn yn lleol a sonnir amdano yn eistedd yn y cerbyd wrth ochr Syr Rhobert wrth iddo gael ei lusgo mewn car a cheffyl tua'r plas am y tro cyntaf wedi iddo dderbyn ei dreftadaeth. Roedd yn prydydda hefyd:

Eira gwyn ar fryn oer fry – a'm dallodd,
   A'm dillad yn gwlychu;
   Onibai Hywel, a'i dawel dŷ,
   Rheinallt fuasai'n rhynnu.

Un arall a fu'n delynor i'r Nannau oedd Sion Dafydd Las, un o delynorion a beirdd enwocaf Cymru. Sion Dafydd Las, tua 1650, a gyfansoddodd 'Pant Corlan yr Ŵyn' i goffáu baban a lofruddiwyd ger Corsygedol, fel y soniwyd eisoes.

Ond nid oedd dawn y telynorion yn gyfyngedig i oedolion. Dywed y *Cambria Depicta* (1816):

Yn y flwyddyn 1610 ganwyd bachgen bychan nodedig yn Llanfachreth, ger Dolgellau, yn sir Feirionnydd. Ei rieni oedd bobl gyffredin, a'i dad yn weithiwr wrth y dydd yn y ffermdai, a dim yn hynod yn y naill na'r llall ohonynt. Fodd bynnag, cyn bod eu bachgen yn ddwy neu dair oed yr oedd sôn amdano ymhell ac yn agos fel cantwr, na welwyd yn yr oes hwnnw erioed ei debyg. Yn y cyfnod yma clywodd delynor yn canu'r delyn ac ar unwaith aeth yr offeryn hwnnw â holl galon y bychan; a chan fod digonedd o delynau yn y dyddiau hynny, ni fu ei dad yn hir cyn cael telyn iddo yntau. A chyda hon bellach y difyrrai ei hun yn barhaus ac ymroddodd i'w ddysgu gyda'r dyfalwch mwyaf. Deuai telynorion yr ardaloedd hynny i glywed y bychan a phawb ohonynt yn rhyfeddu am y peth ac yn rhwydd addef fod y telynor bach, er nad oedd eto yn bump oed, yn gallu chwarae yn well na hwy. A'r diwedd fu i'w dad a dyn arall ddechrau ei gymryd i chwarae o gwmpas y wlad. Cariai y tad y bychan ar ei ysgwydd, a'r dyn arall y delyn. Ac fel y dywedwyd, gŵr o Langynhafal, a'i enw Richard ap John, a ysgrifennodd ei hanes yn y flwyddyn 1615.

Telynor arall yn Nolgellau oedd Morgan ap Rhys. Dywedir ei fod wedi bod yn berchen ar delyn ddiafolaidd. Roedd yn byw yng nghyffiniau Cader Idris a thra oedd yn eistedd yno yn ei fwthyn yn llymeitian cwrw da ryw gyda'r nos clywodd gnoc ar y drws. Ond nid oedd mewn hwyliau da ac yn lle mynd i ateb y drws gwaeddodd 'Gwae dyn a'i gilydd!' Cerddodd tri o'r tylwyth teg i mewn i'r tŷ, wedi'u gwisgo fel tri dieithryn lluddedig, gan ofyn am fwyd a diod. Heb godi oddi wrth ei wydr a'i fwgyn, cynigiodd Morgan i'r dieithriaid fwyta'r dorth a'r caws oedd yn weddill ar y bwrdd. Canodd gân yn hanner meddw tra oedd yn gwylio'r tri yn bwyta. Wedi iddynt gael eu gwala aeth y tri dieithryn at y drws gan ddiolch yn fawr i Morgan a chynnig dymuniad iddo.

Ac yntau wedi cael cryn syndod, gofynnodd Morgan am

delyn a fyddai'n canu'n felys dim ots pa mor wael y byddai'n taro'r tannau ac a fyddai bob amser yn canu caneuon bywiog a hwyliog. O fewn chwinciad, yno ar yr aelwyd roedd telyn hyfryd lle y bu'r tri dieithryn. Eisteddodd yno yn ei syndod a sylwi nad oedd y tri wedi bwyta'r bara a'r caws wedi'r cyfan. Daeth ei wraig i'r tŷ gyda rhai cyfeillion a phenderfynodd Morgan ganu alaw ar ei delyn gan obeithio y byddai ei ddiffyg dawn yn codi gwên ar y cyfeillion. Ond roedd yr alaw a ddaeth o'r delyn yn rhyfeddol, yn hwyliog a chwim, a chyda'r diwn roedd traed pawb oedd yn y tŷ yn eu harwain i ddawnsio'n wyllt. Aeth pethau'n flêr braidd gyda rhai'n neidio mor uchel wrth ddawnsio nes niweidio'u hunain ar y nenfwd, ac eraill yn troi a throi'n wyllt nes syrthio dros y dodrefn a chwalu popeth. Er i bawb ymbil arno i roi'r gorau i'r delyn, chwerthin wnaeth Morgan gan barhau i ganu'r tannau a'r alaw yn hedfan.

O'r diwedd, blinodd Morgan a syrthiodd pawb i lawr wedi ymlâdd. Aeth Morgan at y delyn unwaith yn rhagor, ond rhedodd pawb o'r tŷ gan ddweud bod y diawl yn y delyn. O'r eiliad honno ymlaen, roedd pawb yn ofni mynd i dŷ Morgan gan fod arnynt gymaint o ofn y delyn. Daliwyd rhai wrth iddynt gerdded heibio'r tŷ a thorrodd ambell un goes neu fraich wrth ddawnsio i delyn y diawl. Nid pobl yn unig a ddawnsiai ac roedd hanesion am ddodrefn yn hedfan o amgylch y tŷ ac yn taro'r nenfwd. O glywed am ddefnydd drwg Morgan o'r delyn, dychwelodd y tylwyth teg a dwyn y delyn ymaith yn ddistaw.

Er yr holl brysurdeb gyda'r delyn yn Nolgellau, yn ddifyr iawn, pan oedd gwestai y Bermo yn chwilio am delynorion, anaml iawn y deuent o Ddolgellau, lai na deng milltir ar hyd y Fawddach. Dywedir, er enghraifft, mai Evan y Waen Oer, o Garthbeibio, Maldwyn oedd yn canu yn y Corsygedol Arms yn 1838.

Ni soniais am delynorion Llanuwchllyn, Maentwrog,

Ardudwy, Llanegryn na Machynlleth yn yr ysgrif hon, gan geisio cadw o fewn terfynau deuddeng milltir o amgylch yr hen dref. Ond mae un peth yn sicr: roedd y traddodiad cerddoriaeth werin yn fyw ac yn iach yn Nolgellau a'r ardal yn y bedwaredd ganrif ar bymtheg a chyn hynny. Braf yw gwybod y parheir i ganu'r delyn a bod canolfan Tŷ Siamas yn rhoi bri a chyfleon newydd i ieuenctid yr ardal. Dylid ei dathlu.

Wedi darllen y llith hon, os oes gan unrhyw un amheuaeth bellach ynglŷn â chysylltiad Dolgellau a'r delyn, cofier mai Idris Gawr, yn ôl yr hen drioedd, oedd y Cymro cyntaf i lunio telyn:

Idris Gawr, yr hynaf, ac ef a wnaeth Delyn gyntaf...

Glân Meddwdod Mwyn

Ychydig flynyddoedd yn ôl daeth cyfle yn hanes y grŵp Alltud i ganu mewn tafarn yn Station Road, Llanelli, a hynny mewn noson i goffáu'r gwŷr hynny a laddwyd gan filwyr Churchill yn ystod y Streic Fawr yn Llanelli ganrif ynghynt. Roedd y dafarn yn orlawn a'r gynulleidfa yn ysbrydoledig gefnogol. Sosialwyr, cenedlaetholwyr, undebwyr llafur, academyddion, gweriniaethwyr, anarchwyr... Roedd y cyfan oll yn blith draphlith ac yn llawn bywyd chwyldro'r pot peint.

Bathwyd yr enw 'Alltud' o'r cyfle ddaeth i ran Chris (Eos) Reynolds a minnau i ganu rai blynyddoedd yn ôl yn Amgueddfa'r Glannau yn Abertawe mewn digwyddiad i nodi undod a chyd-safiad â'r boblogaeth o geiswyr lloches yn y ddinas a'r ardal gyfagos. Mae digwyddiadau o'r fath wastad yn codi cywilydd arnaf a minnau'n cwyno am orthrwm ac ati yma yng Nghymru. Daw'r gwŷr hyn o barthau'r Dwyrain Canol, yr Affrig a dwyrain Ewrop gyda'u straeon o drychineb, rhaib, trais, llofruddiaeth, colli urddas a gorthrwm go iawn.

Yn yr amgueddfa eisteddai'r Eos a minnau yn myfyrio dros baned boeth ac yn mwynhau ychydig funudau rhydd cyn camu i'r llwyfan. Gofynnodd un o'r trefnwyr i ni beth oedd enw'r band. Byddai'n rhaid penderfynu cyn diwedd y baned! Felly aethpwyd ati i ystyried, a chwarae gydag enwau digrif, doniol, rhyfedd, ffraeth a hurt. Bu ystyriaeth i Jimi Hen Dric, Cloron y Ddaear a Di-enw, cyn darllen y gair 'Exile' ar un o furiau'r amgueddfa yng nghyd-destun y digwyddiad. Daeth atgof am drafodaeth R. S. Thomas pan ddywedodd ei fod, fel Cymro, yn teimlo'n alltud yn ei wlad ei hun, a daeth yr enw i'r dafod yn daclus a theidi!

Ac felly, yn ôl i'r dafarn yn Llanelli a'r cynllwynio am chwyldro. Soniodd rhywun am daflu bricsen drwy ffenest y swyddfa bost leol i ddechrau'r chwyldro, fel rhyw deyrnged ar hap i'r gwrthryfelwyr dros gyfnod y Pasg yn Iwerddon, cyn sylweddoli bod y swyddfa bost leol wedi ei chau ac wedi ei throi'n dafarn rai blynyddoedd ynghynt. I ddweud y gwir, yn y dafarn honno yr oeddem ninnau'n canu y noson honno! A 'Stamps' yn wir oedd enw'r dafarn!

Yr union noson honno roedd y Swans yn chwarae eu gêm gyntaf erioed yn yr Uwchgynghrair ac yn naturiol bu'n rhaid camu i lawr y grisiau i'r bar arall i gael gweled arwyr Abertawe yn cael crasfa ddifrifol gan Manchester City. Cefais ddigon ar hynny wedi i'r bêl daro cefn y rhwyd am y pedwerydd tro a phenderfynu mynd i chwilio am gwdyn o sglodion i lenwi twll. Ystyriaeth fer oedd ei hangen ynglŷn ag a oeddwn am fynd â'r fandolin gyda mi. A honno'n werthfawr ymhob ystyr roedd yn rhaid ei phacio yn ei chist a'i chario gyda mi. Offeryn bychan yw'r fandolin felly doedd dim gormod o drafferth ei chario ac i ffwrdd â mi.

Cerddais i lawr Station Road yn ystyried y byddwn yn taro ar siop sglodion yn go handi, ond doedd dim o'r fath. Euthum heibio i nifer dda o siopau *kebab* a *pizza* gan droi trwyn ar yr arogleuon seimllyd. O'r diwedd dyma benderfynu mai prin oedd fy newis a dychwelais i'r siop *kebab* agosaf at y dafarn ac archebu cwdyn o sglodion.

O fewn munud neu ddau daeth dyn ifanc i mewn i'r siop a golwg feddw iawn arno. Cerddodd o amgylch y siop rhyw bedair gwaith gan lygadu'r fwydlen, llygadu gŵr y siop a'm llygadu innau fel llewpard yn ystyried ei ysglyfaeth. Ar ôl ychydig trodd ata i a dweud yn filain 'I'm gonna kill you and your ******* shiny guitar!'

Yr eiliad honno daeth y sglodion i'r fei a llwyddais i ddiolch yn urddasol ac anwybyddu'r llanc ifanc yn ddigon hir i gerdded allan gyda'r fandolin a'r sglodion yn ddiogel.

Wrth gwrs, fyddwn i ddim wedi meindio cymaint â hynny, ond ei fod wedi galw fy mandolin yn gitâr! Gwarthus! Tueddaf i feio'r system addysg – ie wir...

Y Crythor Llon

Deffro. Llafnau o olau haul yn ein poenydio drwy hollt rhwng y llenni a ninnau i gyd yn hanner byw, hanner marw. Roedd hi'n gynnar, yn amser cyn cŵn Caer, ac yn felltithiol o oer.

'Uffar o noson dda!'

Pawb yn hanner effro ac yn cofio, ceisio cofio, hwyl 'ddiniwed' y noson cynt. Noson o sesiwn werin mewn tafarn yng nghefn gwlad Llŷn.

O edrych o gwmpas yr ystafell, roedd y criw fel cyrff yn gorwedd ym mhob cornel. Dyma un yn codi at y tegell.

'Paned?'

Pawb yn amneidio ato. Pawb yn llwyd eu gwedd. Pawb yn ceisio cofio a oedd angen difaru unrhyw beth o'r neithiwr fawr a fu. Pwy dalodd am y tacsi yn ôl i'r fan lle roedden ni'n aros?

Gafaelodd un yn ei gitâr gan godi ar ei eistedd a dechrau strymian yn ysgafn. Roedd yn arfer eithaf cyffredin dechrau trannoeth gydag ambell alaw ac ymunodd y pibydd a'r mandolinydd. Yna'n sydyn – bloedd!

'BLE MAE FY FFIDIL I??!?!'

Roedd y ffidil ar goll, a hwnnw'n offeryn hen a gwerthfawr. Roedd y creadur yn rhedeg o un gornel yr ystafell i un arall, yna'n gwibio at y grisiau i chwilio. Dim golwg.

O geisio cofio'n ôl drwy'r noson dyma gyrraedd yr adeg pan oedd y criw i gyd, tra oeddem yn disgwyl tacsi, yn sefyll ac yn eistedd ar ymyl y ffordd fawr yng nghefn gwlad Llŷn. Ac yna cofio bod y ffidlwr wedi gosod ei offeryn yn ei gâs i orwedd ar ganol y ffordd fawr i ddisgwyl y tacsi. Am beth gwirion i'w wneud! Ond doedd neb yn cofio ei symud oddi yno!

Dyma ffonio chwaer un o'r hogiau, oedd yn byw yn yr ardal. 'Sori ffonio mor gynnar ar fore Sul a sori am dy ddeffro a sori gofyn... ond alle ti alw draw yn y car a'n pigo ni fyny a mynd â ni i'r fan a'r fan? Alli di? O, grêt! Diolch. Does 'na neb yn saff i ddreifio yma eto, ti'n dallt.'

Tua hanner awr yn ddiweddarach roeddem bawb yn y car, pawb yn malu awyr, pawb ar bennau ei gilydd a phawb yn rhynnu yn yr oerfel. A'r chwaer yn biwis ac yn flin, chwarae teg! A dyma droi'r tro olaf yn y ffordd cyn cyrraedd y fan lle roedd y dafarn a lle buom y noson cynt yn sefyllian yn disgwyl tacsi...

Ac yno, ar ganol y ffordd fawr, ar y llinell wen, heb ei chyffwrdd ac mewn cyflwr perffaith – ffidil yn ei châs, heb symud!

Whiw! Dim ond ym Mhen Llŷn!

Sesiwn yng Nghymru

Y *charango* yw dewis offeryn y cyfaill Owen Glynne pan fydd yn chwarae sesiynau yng Nghymru. Ac yntau'n gerddor penigamp ac yn hwyl ffraeth o Gymro, mae'n braf ei weld yn cyrraedd ac mae ei gyfraniad yn cyfoethogi unrhyw sesiwn yng Nghymru. Ond peidied â chawlio rhwng *charango* yr offeryn a *charanga* y ddawns.

Efallai nad yw'r *charango* yn offeryn y byddai rhywun yn arferol yn ei ystyried fel offeryn traddodiadol Cymreig. Mae'r sain yn mynd â ni draw dros yr Iwerydd at Dde America a'u cerddoriaeth unigryw. Ond fe'i clywais gan fwy nag un yng Nghymru bellach (gan gynnwys y diweddar Tich Gwilym gyda grŵp Siân James tra oeddent yn canu yng Nghaerdydd rywdro) ac mae'n prysur hawlio'i le yn ein sesiynau. Wrth gwrs, prin bod mandolin, gitâr, acordion na banjo yn offerynnau Cymreig ychwaith!

Offeryn byr ydy'r *charango*, tua hanner llath o hyd, ac mi ddaw yn wreiddiol o'r Andes. Ceir deg tant fel rheol, a'r rheini yn dilyn pum cwrs. Ar wahân i'r sain unigryw a'r cordio hyfryd, y peth rhyfeddaf am y *charango* yw ei fod yn wreiddiol wedi ei wneud o anifail. Gwyddom, wrth gwrs, am offerynnau eraill sydd yn defnyddio anifeiliaid – cofiwn yn arbennig am flew ceffyl ar fwa ffidil ac am groen gafr ar *bodhran*, a'r croen ar wyneb banjo. Ond mae'r *charango* yn wahanol gan fod tua hanner y corff yn aml wedi ei greu o gefn *armadillo* (neu'r dulog fel y'i gelwir gan bobl Patagonia). Mae cragen gefn y dulog yno yn yr offeryn yn gyfan o'i drwyn at ei din ac yn aml fe geir blewiach y dulog ar gefn yr offeryn.

Y dyddiau hyn mae'n bosib cael gafael ar *charango* a wnaed o bren i gyd, a bendith yw hynny i lysieuwyr a'r rhai sy'n bryderus am hawliau anifeiliaid. Ond dadleua eraill nad yw'r sŵn gystal a bod yr hud ar goll rywsut.

Dywed Owen Glynne nad oedd ganddo'r syniad lleiaf sut i ganu'r *charango* pan ddaeth i'w feddiant y tro cyntaf ac anfonodd lythyr at Tich Gwilym yn ei holi pa fodd yr oedd tiwnio'r holl dannau. Mae ateb Tich Gwilym ganddo hyd heddiw, ynghyd â darn o lyfr ar y *charango* a rwygwyd a'i roi yn yr amlen gyda'r llythyr.

Cofiaf rywdro i ryw Sais clyfar ei acen edrych ar *charango* Owen Glynne a'i holi 'What an interesting instrument, what's its range?' Ar amrantiad atebodd Owen Glynne, 'I don't know, I've never thrown one.'

Y Railway yn Abergynolwyn oedd cartref y sesiwn y noson honno ac roedd Dan Morris yn arwain a chriw da o gerddorion wedi dod ynghyd. Roeddwn i wedi cael pàs i'r sesiwn gan bencampwr o yrrwr rali lleol a chanfod mai camgymeriad oedd hynny wrth i ni wibio rownd y troeon ar y ffordd o Dal-y-llyn at Abergynolwyn. Diolchais i'r nefoedd am gael cyrraedd yn ddiogel a gwrthodais y cynnig o bàs adref gan geisio lifft gan eraill tra oeddwn yn llyncu'r peint cyntaf a'm dwylo'n crynu!

Aiff yr hanes bod Owen wedi tynnu'r *charango* o'i gâs a

bytheirio pan welodd fod nifer o'r tannau wedi torri rywsut a'r offeryn yn amhosib ei chwarae. Felly aeth Dan ac yntau allan am dro, un i gael cynnau mwgyn a'r llall i gael cyfle i newid tannau ymhell o glyw'r sesiwn, a oedd erbyn hynny yn dechrau hedfan.

Tra oedd y ddau'n sgwrsio, gwyliodd Dan sut yr oedd ei gyfaill yn tynnu'r hen dannau ac yna'n ofalus iawn yn gosod y tant newydd dros y bont, ei glymu yn ei le, ei drafod ar hyd y cwrs a thrwy'r peg ym mhen draw gwddw'r *charango* a'i dynhau i'w le. Yna gofynnodd Owen i Dan am gael benthyg y mwgyn am eiliad, gan ei ddefnyddio i losgi gweddill y tant er mwyn ei dorri'n daclus ym mhen draw'r offeryn. Wedi hynny sylwodd Dan ar dant blêr ei olwg yn hongian o boced y cerddor.

Yna gwnaeth Owen yr un peth yn union gyda thant arall – ei glymu yn ei le, ei daenu dros y bont, ei dynnu drwy'r cwrs cywir a'i dynhau drwy'r peg yn y pen draw – ond y tro hwn sylwodd Dan mai tynnu'r tant o boced ei gôt yr oedd Owen. Unwaith yn rhagor, gofynnodd i Dan am gael benthyg ei fwgyn, ac roedd chwilfrydedd Dan yn cynyddu fesul eiliad.

Ar y trydydd cais roedd chwilfrydedd Dan yn drech nag ef a bu'n rhaid iddo holi beth yn union oedd gan Owen yn ei boced. Gan chwerthin, aeth Owen i'w boced a dangos dau gan llath o lein bysgota ugain pwys! Dyna a ddefnyddiai ar gyfer tannau i'r *charango*.

Ar ymyl y lein bysgota roedd slogan y cwmni'n dweud 'Fishing Line – Invisible to Fish'. Dyfalodd Owen mai byd rhyfedd fyddai hwnnw lle gallai pysgod mewn sesiwn ei wylio'n strymio yr hyn a ymddangosai iddynt hwy yn ddim mwy nag awyr, ond gan wneud synau hyfryd.

Nid oedd dim yn draddodiadol yn y sesiwn hon yng Nghymru y noson honno!

Ymdaith Gwŷr Harlech

Da da daaa dy da da, ba ba ba ba...

Prin bod cymeriad mwy diddorol a bywiog wedi bod yng Nghymru yn ystod yr ugeinfed ganrif na Cayo. Mae'n un o'r ychydig gymeriadau yng Nghymru o'r cyfnod hwnnw y gellir eu harddel gydag un enw yn unig. Pwy arall sydd felly? Merêd efallai, Cynan, Crwys, ac mae'n siŵr gen i fod Gerallt yn un o'r criw anrhydeddus hwnnw erbyn hyn.

Cayo a'i fyddin er budd Cymru, a fu'n boen yn ystlys y wladwriaeth Brydeinig. Cayo y Cymro a wefreiddiai'r cenedlaetholwyr ac a wnâi i'w gefnogwyr chwerthin a'u hysgogi'n gyson. Cayo y gwladwr a'r gwladgarwr. Cayo a fu'n arwain gorymdeithiau Cilmeri yn flynyddol, heb sôn am arwain y gân, ac a fu'n dangos ei liwiau yn rheolaidd. A Cayo a aberthodd ei hun dros Gymru. Yn ffŵl dros Gymru.

Mae'n debyg bod Rhys Mwyn, y rebel arall, wedi anfon meicroffon a system recordio sain at Cayo rai degawdau yn ôl gyda gwahoddiad iddo gofnodi ychydig o'i hanes yn fywgraffiadol ar y tapiau. Fodd bynnag, bu rhyw gamddealltwriaeth ac aeth Cayo ati yn ei gartref yng Nglandenis i recordio'i hunan yn chwarae alawon gwerin Cymraeg a Gwyddelig ar ei acordion. Rhwng pob alaw byddai'n rhoi ychydig o gyflwyniad, yn Saesneg gan amlaf, cyn mynd ati i daro allweddi'r offeryn. Aeth Rhys Mwyn ati i gyhoeddi'r recordiad hwn ar CD ychydig flynyddoedd yn ôl ac mae'n werth gwrando arno.

Cyn mynd ati i chwarae'r alaw 'Ymdaith Gwŷr Harlech', esbonia Cayo ar y recordiad ei fod yn hoff iawn o rỳm Capten Morgan, yn rhannol oherwydd y cysylltiad amlwg Gymreig, wrth gwrs. Ond aiff yn ei flaen i ddatgan bod gair Cymraeg i'w gael ar wddf potel y Capten Morgan, sef 'undeb'. Pwy wyddai hynny cyn hyn?

Euthum ati yn wyddonol fanwl i geisio canfod y gair hwn ar y botel. Prynais botel, ond methais ganfod dim. Daeth cyfle arall mewn tafarn a gofynnais am gael gweld y botel. Unwaith yn rhagor, doedd dim i'w weld. Ers hynny cymerais olwg ar nifer dda o boteli ond methais ganfod unrhyw ôl o'r gair 'undeb' nac unrhyw air Cymraeg arall ar unrhyw un o'r poteli. Tybed ai tynnu coes oedd bwriad Cayo? Ynteu a oedd y gair yn arfer bod ar boteli rỳm flynyddoedd yn ôl? Byddai'n dda cael gwybod.

Felly, yn ôl at orymdaith ryfelgar gwŷr Harlech, sy'n alaw fyd-enwog diolch i'r ffilm *Zulu* a chylchgrawn sain *Utgorn Cymru*, a gyhoeddir gan Ganolfan Gwyrfai. Haera rhai mai hanes Glyndŵr yng Nghastell Harlech ar ddechrau'r bymthegfed ganrif yw gwreiddiau'r alaw, ond mae hynny yn go annhebyg. Y gred amlycaf yw bod a wnelo'r gân â'r gwarchae hiraf a fu erioed ym Mhrydain tra amddiffynnwyd Castell Harlech dan arweiniad y cwnstabl, Dafydd ap Ieuan, rhwng 1461 ac 1468.

Yn ystod Rhyfel y Rhosynnau arweiniodd Dafydd ap Ieuan ei lu Lancastraidd i wrthsefyll y gwarchae, a barhaodd am saith mlynedd. Er bod nifer dda o gestyll eraill wedi eu colli i wŷr Efrog, safodd y gwŷr hyn yn gadarn yng Nghastell Harlech. Pan roddwyd cynnig iddo ildio, atebodd ei fod wedi cadw castell yn ystod gwarchae mor hir yn Ffrainc nes bod hen wragedd Cymru i gyd yn dal i drafod y peth, a'i fod am gadw'r castell hwn yng Nghymru mor hir nes y byddai'r holl hen wragedd yn Ffrainc yn siarad am yr hanes!

Yn y pen draw, wedi saith mlynedd hir dan warchae, bu'n rhaid i Dafydd a'i ddynion ildio i'r Arglwydd Herbert a'i frawd gan eu bod ar lwgu. Serch hynny, gwrthododd Brenin Lloegr, Iorwerth IV, barchu'r cytundeb ildio. Bu'n rhaid i Syr Richard Herbert, drwy barch, mae'n debyg, at ddewrder Dafydd ap Ieuan, gynnig ei fywyd ei hun er mwyn achub Dafydd, yn hytrach na gweld ei gytundeb yn Harlech yn cael ei dorri.

Cofnodwyd yr alaw yn wreiddiol yn 1794 gyda'r enw 'Gorhoffedd Gwŷr Harlech' gan Edward Jones yn ei gyfrol *The Musical and Poetical Relics of the Welsh Bards*, ac mae'n go debyg mai ychwanegiad llawer mwy diweddar yw'r chwedl a'r geiriau. Ond erbyn diwedd y bedwaredd ganrif ar bymtheg roedd catrodau Cymreig ym myddin Lloegr yn defnyddio'r alaw fel anthem swyddogol.

Gwyddom fod yr alaw wedi newid drosodd a thro ar hyd y canrifoedd a bod y dulliau gwahanol o'i chanu wedi cael cryn ddylanwad. Bu llawer o chwarae ar yr alaw gan fandiau pres ac mae eu dylanwad hwythau yn amlwg yn yr ail ran. Canwch hi ac fe'i clywch. Ar ôl y frawddeg gerddorol gyntaf yn y rhan honno (y gytgan, os hoffech chi) fe glywch yn eich pen ryw atsain o'r bandiau pres cyn yr ail frawddeg.

Erbyn hyn, wrth gwrs, cywilydd a deimla'r rhan fwyaf o gofio'r hyn a ddigwyddodd yn Rorke's Drift a'r hyn a wnaeth rhai o'n cyd-Gymry, ac aeth 'Ymdaith Gwŷr Harlech' yn alaw amhoblogaidd ymhlith sesiynwyr. Anaml iawn y bydd chwarae arni. Ond nid dyna yw diwedd hanes yr alaw hynod hon.

Ar ddiwedd yr wythdegau a dechrau'r nawdegau fe glywn yr alaw oddeutu unwaith bob wythnos gyda fy nghyd-gefnogwyr ar y Cae Ras yn Wrecsam. Wrth i'r chwaraewyr ddod i'r maes chwarae byddai'r system sain yn diasbedain o nodau 'Ymdaith Gwŷr Harlech'. Datblygodd dros y blynyddoedd i fod yn alaw y byddai cefnogwyr tîm cenedlaethol pêl-droed Cymru yn ei chanu, heb eiriau wrth gwrs ('Na na na na na na na na' ydy hi!) ac, yn rhyfedd iawn, ni fyddant yn canu'r gytgan.

Mae'n rhaid i mi gyfaddef fy mod wrth fy modd gyda'r ffaith bod rhai o'r glaslanciau gwyllt sy'n gefnogwyr y bêl gron yng Nghymru, o bosib yn ddiarwybod iddyn nhw eu hunain, yn canu hen, hen alaw werin Gymreig ar y terasau.

Felly, y tro nesaf y byddwch yn gwrando ar fand pres yn yr Eisteddfod yn mynd trwy'u pethau, neu pan fydd cefnogwyr Cymru yn dawnsio'n wyllt hyd yn oed pan fo'u tîm yn colli, neu pan fyddwch yn cymryd llymaid o rỳm Capten Morgan, neu'n gweld Michael Caine ar ryw ffilm neu'i gilydd... ystyriwch am funud y gwarchae yng Nghastell Harlech yng nghefn gwlad Meirionnydd a barodd am saith mlynedd.

Chwi Fechgyn Glân Ffri

Prin bod alaw mwy sionc a heini na 'Chwi Fechgyn Glân Ffri' yn y traddodiad gwerin Cymraeg. Mae'n jig hynod hawdd ei chwarae, ac o'r herwydd yn un o'r rhai cyntaf i'w dysgu gan lawer, a hefyd yn hawdd iawn ei chyflymu fel ei bod yn gwibio fel mellten ac yn rhwydd.

Ym marthau Abertawe clywais lawer un yn defnyddio'r gair 'rhwydd' i gyfleu ystyr y gair 'cyflym'. 'Ro'dd honna'n rhwydd nawr' meddent ac, yn wir, deuthum i hoffi'r gair a'i ystyr ehangach, rhyw ystyr fod yr alaw'n symud yn rhwydd, fel petai rhywun wedi gloywi ac iro peiriant a gwneud pob dim yn 'rhwyddach'. Ac mae 'Chwi Fechgyn Glân Ffri' yn alaw rwydd ym mhob ystyr. O achos hynny efallai, mae'n alaw boblogaidd iawn gyda chynulleidfa. Yr alaw hon yn fwy na'r un arall (ac eithrio 'Ymdaith Gwŷr Dyfnaint' o bosib) sydd wastad yn taro deuddeg mewn sesiwn a chyngerdd ac yn gwthio pobl i guro'u dwylo a rhoi ambell floedd neu chwiban.

Deil rhyw ddylanwad Gwyddelig ar yr alaw ac efallai

mai dyna'r rheswm pam ei bod yn swnio mor 'rhwydd' i'n clustiau ni. Mae hi'r math o alaw y gellir ei chwarae'n araf ond pery i swnio'n gyflym! Rhoddodd mwy neu lai pob un o fawrion y byd gwerin yn niwedd y saithdegau a dechrau'r wythdegau yr alaw yn eu set ac arweiniodd hynny hefyd efallai at ei phoblogrwydd mewn sesiynau heddiw.

Fe'i cofnodwyd yn wreiddiol yng nghasgliad Nicholas Bennett o Lanyrafon, *Alawon Fy Ngwlad*, yn ôl yn 1898 ac mae'r gyfrol honno yn drymlwythog o alawon sydd â thinc Gwyddelig. Tybed ai steil Nicholas Bennett oedd yn gyfrifol am hynny?

Yn sesiynau ardal Abertawe chwaraeir 'Chwi Fechgyn Glân Ffri' ar ras, yn rhy gyflym, neu 'rwydd' drwy orchest, nes ei bod yn methu hedfan ar achlysur, ac yn hytrach yn taro'r ddaear yn ddi-ffrwt a chwalu! Tuedda'r un peth i ddigwydd pan drewir yr alaw 'Nyth y Gôg', sef alaw arall a gofnodwyd gan Nicholas Bennett, ynghyd ag amrywiadau fel 'Nyth y Gwcw' a ddaeth o ardaloedd gwahanol o Gymru. Wrth gwrs, mae nifer o'r alawon hynny yn gyfarwydd mewn rhannau o Loegr, Iwerddon a'r Alban hefyd. Ailgofnodwyd 'Nyth y Gôg' gan Hugh Mellor, a ddywedodd iddo ei chlywed gan 'itinerant fiddler in the streets of Bangor, North Wales in 1927' a gwyddys fod dawnswyr Morus yn ardal y Cotswolds yn dawnsio i'r alaw 'The Cuckoo's Nest' a chanddi ryw gytgan hynod na cheir ei bath ond mewn alawon Cymreig traddodiadol.

Roedd Gwerinos yn arfer cyflwyno 'Chwi Fechgyn Glân Ffri' fel rhyw alaw 'camp' oherwydd ei henw, ac roedd y grŵp Cilmeri yn chwarae set o alawon a'r ddwy gyntaf yn y set oedd 'Hoffedd Miss Williams' a 'Chwi Fechgyn Glân Ffri'. Chwaraeir y set honno yn aml erbyn hyn mewn tafarnau. Clywais ambell un yn cyflwyno'r alawon â'r rhesymeg mai hoffedd Miss Williams oedd bechgyn glân a ffri! Pwy a ŵyr?!

Ond er mor llon, sionc a llawen yw'r alaw hon, daw â loes i mi yn aml pan gofiaf am sefyllfa hynod drist tra oeddwn yn fyfyriwr. Erbyn hyn rwyf yn gweithio fel therapydd galwedigaethol ac yn dod ar draws pobl sydd yn aml wedi mynd i fethu gwneud rhywbeth oedd yn bwysig iddynt gynt oherwydd eu bod wedi cael strôc neu rhyw gyflwr tebyg. Cyfarfûm ag unigolyn oedd yn cadw un ystafell yn ei dŷ yn arbennig ar gyfer beic rasio gwerth miloedd – yr oedd yn ei gadw'n sgleiniog berffaith ac yn prynu pob math o drugareddau a gajets i fynd arno. Ond gwyddai pawb nad âi fyth ar y beic eto. Roedd yntau'n gwybod hynny hefyd, wrth reswm, ond nid oedd wedi deall na derbyn hynny fel ffaith. Roedd y beic yno'n barod i'w reidio, ond ni fyddai neb yn ei farchogaeth mwyach. Cyfarfûm ag unigolyn arall oedd yn prynu pob CD gan berfformiwr arbennig er nad oedd bellach yn gallu clywed yr un nodyn.

Ond i mi saif un achlysur yn dristach na'r un arall. Tra oeddwn yn fyfyriwr yn ystod y nawdegau ac yn gweithio mewn ysbyty bûm yn trin dyn tua hanner cant a phump oed oedd wedi cael strôc. Daeth yn bryd iddo ddychwelyd adref ac ychydig ddyddiau ymlaen llaw roedd angen i mi fynd ag ef i'w gartref i weld a oedd angen gwneud rhyw baratoadau neu addasiadau i amgylchedd ei annedd. Roedd un fraich yn hollol ddiffrwyth ganddo yn dilyn y strôc a bu'n eithaf trafferthus ei gynorthwyo i mewn i'r adeilad ac yna yn anos fyth rhoi cymorth iddo allu esgyn y grisiau. Nid oedd yn angenrheidiol iddo fynd i'r llawr cyntaf ond roedd rhyw ysfa angerddol ynddo am gael cyrraedd ystafell yno.

Wedi cyrraedd yr ystafell daeth y cyfan yn amlwg. Roedd ganddo ystafell bersonol gyda llyfrgell gyfoethog, ac yno, yn crogi ar y wal, roedd mandolin Gibson, un o'r goreuon a welais erioed. Daeth dagrau i'w lygaid yn syth wrth iddo gamu'n araf a bregus at yr offeryn. Nid oedd ganddo syniad, wrth reswm, fy mod innau yn hoff o fandolinau a dechreuodd esbonio wrthyf mai mandolin oedd yr offeryn a'i fod ers blynyddoedd lawer wedi cael blas mawr ar ganu alawon gwerin arni. Er i mi ei holi am ei ddiddordebau ac ati fel therapydd iddo, nid oedd wedi sôn dim am y fandolin.

Erbyn hynny, a'i law yn ddifywyd, nid oedd ganddo obaith o chwarae'r fandolin o gwbl, a phrin y gallai afael yn yr offeryn. Gofynnais iddo a fyddai'n fodlon i mi gael gafael ynddi, a chan ddefnyddio'r plectrwm oedd wedi ei blethu rhwng y tannau euthum ati i ganu 'Chwi Fechgyn Glân Ffri'. Roedd y fandolin yn rhwydd i'w chwarae, y tannau'n dawnsio'n dynn dan flaenau fy mysedd a'r seiniau'n pefrio fel clychau. Nid offeryn o'r siop gerddoriaeth leol oedd hwn ond offeryn o safon broffesiynol.

Safodd yno'n fud ac yn ddagreuol yn gwrando ac yn gwylio. Roedd emosiwn y sefyllfa yn ormod i ni'n dau, a'r gwirionedd am fywyd, celfyddyd, breuder oes a thranc pob unigolyn yn ei amlygu ei hun yn ormesol drwy seiniau'r alaw sionc.

Nid wyf yn sicr hyd heddiw a wneuthum y peth iawn wrth chwarae'r fandolin honno. Nid oedd ddim oll i'w wneud â fy ngwaith beunyddiol, na fy rôl fel myfyriwr therapydd galwedigaethol, ond allwn i ddim gadael i'r eiliad basio heb afael yn y fandolin. Doedd dim dwywaith ei fod wedi gwerthfawrogi'r chwarae a'r alaw, roedd hynny'n amlwg, ond treiddiodd tristwch tu hwnt i eiriau drwy'r alaw honno. A oeddwn wedi ei atgoffa'n fwy nag erioed o effaith ei afiechyd creulon? A oeddwn wedi 'rhwbio ei drwyn' yn y ffaith na fyddai'n gallu chwarae ei hoff fandolin eto? Ynteu a oeddwn wedi rhoi gormod o bwysau arno i weithio ar adsefydlu ac adfer ei allu corfforol? Tybed a yw erbyn hyn yn canu'r fandolin unwaith yn rhagor? Rwy'n amheus iawn o hynny.

Nid peth newydd mo'r profiad gan fod hanes Maria Roberts, y delynores ddall fedrus o Lanfyllin, yn ymddangos ym mhapur y *Cambrian Magazine* yn 1830. Yno mae apêl am gymorth iddi wedi iddi gael damwain a cholli'r defnydd o un o fysedd ei llaw chwith.

Rhoddais y fandolin yn ôl yn ei lle yn crogi ar y wal yn ei ystafell bersonol a phreifat a dychwelyd at y gwaith o'i baratoi at fynd adref yn ddyn anabl na fyddai'n gallu mwynhau'r fandolin mwyach. Ymhen yr awr roeddem yn dychwelyd i'r ysbyty wedi cytuno ar beth oedd yn angenrheidiol i'w baratoi er mwyn iddo allu dychwelyd i'w fywyd beunyddiol. Roedd rhestr hirfaith o bethau i'w gwneud er mwyn i'r cartref fod yn barod ar gyfer ei ddychweliad, ond nid oedd unrhyw sôn am y fandolin ar y rhestr honno.

Saif y profiad gyda mi hyd heddiw yn artaith o atgof sydd yn creu gwewyr o gofio'r sefyllfa. Ni fu'r ddihareb 'Nid o rym corff y cenir telyn' erioed mor anghywir.

Cerddor athrist a distaw – yn eistedd
    Trwy osteg tra'n unllaw,
  A hedd i hwn fyth ni ddaw
  A'i ddwylo yn ddi-alaw.

Cainc Dafydd ap Gwilym

Soniais eisoes am Gwilym John Owen a fu'n adrodd baledi Cymraeg a cherddi digrif mewn tafarnau yn Galway ac ar draws Iwerddon a gogledd Cymru. Roedd ei gyfraniad at y sesiynau gwerin yn amhrisiadwy a'r hwyl a geid o wrando ar ei gerddi rhwng yr alawon yn ddoniol a rhyfedd.

Ambell waith, yn achlysurol iawn, bydd rhywrai yn ceisio adrodd englynion neu gywydd mewn sesiwn werin, ond nid yw'n beth hawdd i'w wneud o bell ffordd. Un peth yw tynnu sylw drwy ganu cân neu chwarae alaw, mater arall yn llwyr yw tawelu pethau a datgan cerddi mewn awyrgylch tafarn. Paham felly?

Bu llawer o hwyl mewn nosweithiau cerddi a pheint neu stomp yn nhafarndai Cymru dros y blynyddoedd ac fe geir cryn fwynhad wrth wrando ar y beirdd yn mynd drwy eu pethau. Er bod barddoniaeth yn gymaint rhan o draddodiad Cymru, ac o'r diwylliant gwerin yn arbennig, anaml iawn y ceir barddoniaeth yn rhan o sesiwn werin, ar wahân i eiriau caneuon traddodiadol.

Dywed arbenigwyr bod barddoniaeth a cherddoriaeth yn gwau'n un yn y traddodiad Cymreig, gyda'r beirdd yn gerddorion. Datgela llyfr Gwyn Thomas ar Dafydd ap Gwilym fwy amdano nag y tybiais erioed y gallesid fyth ei wybod, ac un o'r ffeithiau a gadarnhawyd yn glir yw fod

Dafydd yn teithio gyda'i delyn a'i fod yn datgan ei gerdd dant i'r llysoedd ar ffurf cerddoriaeth.

Yn yr unfed ganrif ar bymtheg roedd datgeiniaid pen pastwn yn taro'r llawr yn rhythmig gyda'u pastwn fel cerddorion rap y dyddiau hyn i adrodd eu cerddi i'r seiniau drwm yn ôl Sion Dafydd Rhys yn 1592. Buasai rhywun nad yw'n gyfarwydd â'r byd sesiynau gwerin efallai'n cymryd yn ganiataol bod barddoniaeth yn rhan annatod o'r byd gwerin o hyd, ond nid felly y mae, gwaetha'r modd.

Byddai gan Gwilym John Owen, yn yr un modd â nifer o adroddwyr tebyg iddo, y gallu i gofio ac adrodd degau o gerddi digrif hirfaith ar ei gof. Cofiaf ryfeddu at y gallu a cheisio deall sut y byddai unrhyw un yn gallu cofio yn y fath fodd. Yna darllenais feirniadaeth o englyn gan Gerallt Lloyd Owen pan ddywedodd ei fod yn cofio'r englyn ar ôl un darlleniad yn unig, gystal ydoedd. Tybed a yw safon cerdd, ynghlwm â chynghanedd o bosib, yn symleiddio'r cofio?

Yn aml iawn mewn sesiwn bydd rhywun yn gofyn 'Sut mae'r alaw hon yn mynd?' gan enwi'r diwn. Bydd crafu pen fel arfer nes i rywun gofio a dechrau arni, a heb wastraffu eiliad bydd pawb yn cofio'n syth ac yn ymuno, gan gofio pob nodyn. Sut y digwydd hyn? Yn yr un modd, mae ambell alaw megis 'Y Pêr Oslef/Rhisiart Annwyl' neu 'Castell Aberystwyth' na allaf ond eu cofio drwy ganu alaw arall yn gyntaf sydd yn arwain tuag ati gan eu bod yn arferol yn cael eu canu gyda'i gilydd.

Dawn ddigamsyniol yw'r gallu i gofio alawon lu. Bûm mewn ambell sesiwn a barodd am oriau lawer lle na chwaraewyd ac na chanwyd yr un alaw na chân fwy nag unwaith. Yn wir, ystyrir chwarae alaw am yr eildro mewn sesiwn yn gamwedd.

Mewn ambell sesiwn werin fe ddatblyga'r arfer o 'ymryson canu', sef cymryd tro i ganu cân neu alaw am y gorau fel cystadleuaeth i weled pwy sydd yn gwybod y mwyaf ohonynt. Hen arfer diflas ydyw, yn orchest llawn brôl nad yw hanner mor gyffredin ag y bu, diolch byth. Ond nid traffordd unffordd yw hon ychwaith. Mewn ambell fan fe geir adrodd cerddi diddiwedd ond prin iawn yw'r caneuon a genir. Mae seremoni Cilmeri yn enghraifft o hyn. Flwyddyn ar ôl blwyddyn edrydd unigolion gerddi Gerallt Lloyd Owen, Harri Webb, Idris Davies a Geraint Bowen. Ond anaml iawn y ceir unigolion yn canu. Clywir corau, ond prin yw'r cantorion unigol. Mae ambell eithriad ac mae hynny'n ei wneud yn beth mwy trawiadol fyth.

Pan fu farw Glyn Rowlands, y gwladgarwr o Gorris, cafwyd datganiadau gan aml un o englynion a weithiwyd ar ei gyfer, a chywyddau a cherddi am wladgarwyr eraill. Ac yna, cododd unigolyn i frig y twmpath ger y maen coffa yn ddiwahoddiad a heb oedi aeth ati i ganu yr emyn 'Tôn y Botel'. Aeth rhyw gryndod drosof wrth i'r cyfaill daro:

> Dyma gariad fel y moroedd,
> Tosturiaethau fel y lli.

Rhoddodd ei lais pur gyfle i bawb fyfyrio rhyw ychydig a chael rhoi ystyriaeth ychydig yn wahanol i'r arfer yng Nghilmeri. Roedd yr holl brofiad ysgytwol mor drawiadol, ac eto ni fu'n ddigon i ysgogi awydd ar fwy o gantorion. Ni chofiaf i unrhyw un fynd ati i ganu wedi hynny, ond parheir i adrodd barddoniaeth.

Ac felly ymlaen at Dafydd ap Gwilym a'r gainc hon. Canodd Dafydd gywydd i 'Y Gainc' ('Kowydd y Gaink' yn wreiddiol) a hwnnw'n trin a thrafod canu ei gerdd gyda'r delyn a'i ddatgan yn glir er mwyn ennill clod Dyddgu, er nad oedd hi yno i glywed:

Dysgais ryw baradwysgainc
Â'r dwylo mau ar dâl mainc,
A'r dysgiad, diwygiad dyn,
Eurai dalm ar y delyn.

Brolia Dafydd ei allu i ganu cainc ar y delyn fel teyrnged i Dyddgu, ond roedd merched eraill yn gwneud hwyl am ei ben ac yn credu mai telynor meddw ydoedd.

Fe welir drwy waith yr academydd Sally Harper, a gyhoeddodd erthygl ar y gerdd hon, fod posibilrwydd gwirioneddol mai at yr alaw hon y cyfeiria Dafydd ap Gwilym yn ei gerdd, neu o leiaf fod yr alaw hon wedi ei chyfansoddi yn deyrnged i gerdd Dafydd rai blynyddoedd yn ddiweddarach.

Awgryma Dafydd mai 'Cân a fyn beirdd heirdd yw hon.' Gwir y gair.

Ffidl Ffadl

Feiddiwn i ddim ceisio awgrymu bod un ffidlwr yn well na'r llall. Dim ond ffidlwr allai roi barn ar ffidlwyr eraill fel hynny. Dros y blynyddoedd deuthum ar draws rhai degau o ffidlwyr gwych ar draws Cymru, ffidlwyr dawnus o safon a'u halawon yn hedfan fry, ambell un yn gerddor gwerin naturiol ac eraill yn academaidd eu naws a'u haddysg gerddorol glasurol yn cuddio yn islais pob nodyn ac yn feiolinwyr yn hytrach na ffidlwyr mewn gwirionedd. Ceir ffidlwyr eraill wedyn a phob un nodyn ganddynt yn drymlwythog o awyrgylch y dafarn lle dysgasant yr alawon am y tro cyntaf.

Yng nghanol hyn i gyd mae gan bawb sy'n cymryd diddordeb, wrth reswm, ei hoff gerddor, ac i mi Dan Morris yw hwnnw. Dan oedd y ffidlwr cyntaf i mi ddod i'w adnabod a hyd heddiw Dan yw'r ffidlwr a rydd seiliau i fyd cerddoriaeth werin i mi.

Dan, y 'mad fiddler from hell' yn ôl rhyw Wyddel yn Galway; Dan a'i lais unigryw yn canu 'Henffych Well' ar record Cilmeri; Dan yn rowlio baco yn y Stag yn Nolgellau flynyddoedd yn ôl; Dan a'i ymadroddion digrif, 'Adra mae ymarfer 'sti!'; Dan a'i sgwrs ddifyr a'r diddordeb di-ben-draw ym mhopeth 'diddorol' a Chymreig; ond yn bennaf oll, Dan a'i ddiffwdan ffidil yn codi croen gŵydd ar dafarn gyfan wrth ganu rhyw alaw a ganfu mewn rhyw hen lawysgrif o'r ddeunawfed ganrif na chlywyd gan neb ers canrif a mwy.

Er fod y gân werin 'Ambell i Gân' yn dweud

Ambell i gân rydd nerth yn y fraich
A'r ysgwydd i gario aml i faich,

mae dihareb Gymraeg a ddywed 'Nid o nerth braich ac ysgwydd y mae canu crwth.' Camp ffidlwyr ifanc fel arfer yw galluogi alawon i wibio ar gyflymdra mellten ac i roi sigl mewn tiwn. A thra bod Dan yn gallu gyrru alawon yn eu blaen gystal ag unrhyw un, fe gymer brofiad blynyddoedd a deall cerddorol tu hwnt i nodau i allu chwarae alaw mor dyner a llawn emosiwn ag y gwna ef.

Dan y pensaer a'i wybodaeth eang am hanes Cymru; Dan y beiciwr deithia gyda'i ffidil i Lydaw neu Iwerddon gan fwynhau *fleadh* neu *fest noz*; Dan mewn siwt a *tux* ar lwyfan y Sesiwn Fawr yn Nolgellau gyda Gwerinos yn canu 'Ffarwél i Dref Porthmadog' (ac yntau'n wreiddiol o Borthmadog); Dan a'i sgetsys manwl o sesiynau gwerin a theithiau tramor; Dan y garddwr rhandiroedd a hyrwyddwr hawliau unigolion

Dan a'i ddiffwdan ffidil

anabl; a Dan yn arwain priodasferch i mewn i'r capel gyda'i grwth yn adlais o hen ganu'r Cymru.

Pan fydd Dan yn chwarae alaw mae'n rhoi darlun clir i'r gwrandawr o'r hyn y mae'n canu amdano.

Crythor (Dan Morris)
Nid oedd darlun fy hunan – gennyf fi
  Gan na fûm i'w hafan,
  Yna daeth o diwnio Dan
  Ruddliw o Forfa Rhuddlan.

Dan o Port, ac o'r Efail Fach, Dolgellau, a bellach o Landeilo, yn canu'r ffidil yn y Llew Coch yn Nhreforys gyda cherddorion Abertawe a'r sesiwn yn mynd i hwyliau a Dan yn galluogi i alawon ffrwydro o egni. A dyma wraig ifanc ddel a llawn hwyl draw ato rhwng alawon gan ddweud, 'Waw! Ti'n ffantastig! Wnei di ganu tiwn i fi, plis?' Roedd holl aelodau'r sesiwn yn eiddgar barod ar gyfer arweiniad Dan mewn rhyw jig sionc neu rîl wyllt a fyddai'n caniatáu iddi hi a'i ffrindiau ddawnsio. Ond er mawr siom i'r criw, dewisodd Dan ganu alaw leddf, dawel ac araf a ymdebygai'n fwy i farwnad neu alargan nag unrhyw beth arall. Ond o! roedd yr alaw yn hyfryd, a'r teimlad o wrando arni fel darllen cerdd wylofus wych. Dyna beth oedd profiad!

O adlais swynol ffidlau – a glywi
  Sŵn glawio drwy'r ceinciau
  Yn awgrym o hen ddagrau
  Yn y gân a gwên yn gwau?

Sut gall unrhyw unigolyn wneud i bren, bwa a thannau atseinio mor hyfryd? Sut y llwydda unrhyw un i droi cyfres o nodau yn gerddoriaeth mor swynol nes bod hiraeth am echdoe cyndeidiau ein cenedl yn wylo drwy'n cof? Pa dduw roddodd goedyn i ni a'r cyfle i'w droi'n offeryn cerddorol?

Ffidil

Drwy lafur di-dor o lifio – afiaith
   Y crafu a'r tiwnio
  Daw rhin o hud i'w raen o
  A swyn hen bren yn seinio.

Yn y Stag yn Nolgellau y deuthum i werthfawrogi ffidil Dan Morris, ond pery ac erys ei ddylanwad ar draws Cymru.

Rai misoedd yn ôl atebais y ffôn yn y tŷ a chlywed o'r ochr draw rywun yn canu sacsoffon ac yn troi'r bysedd yn ystwyth o amgylch 'Cregennan', alaw Gymreig a thinc Albanaidd iddi. Eisteddais yn ôl a gwrando i gael mwynhau'r achlysur anghyffredin a rhyfedd hwnnw. Tybed pwy fyddai'n fy ffonio ac yn gwneud y fath beth? Bu'n rhaid gwrando i'r pen cyn clywed y chwerthiniad iach ben arall y lein. Roedd Dan Morris wedi prynu sacsoffon!

Jig Esgob Bangor

Gwrandewais â diddordeb mawr ar yr Athro Hywel Teifi yng Nghymdeithas Gymraeg Treforys yn trafod Côr Caradog a dyfodiad y traddodiad corawl i Gymru. Efallai fod gwirionedd yn ei ddamcaniaethu ynglŷn â sut y bu i'r Cymru wirioni ar ganu corawl ffurfiol a'r sol-ffa. Ond pa beth bynnag fo'r achos, mae'n sicr bod y Cymry wedi cymryd at ganu o'r fath yn fwy na'r rhan fwyaf o genhedloedd eraill.

Wrth gwrs, un o fwyniannau sesiynau gwerin yw'r ffaith y ceir canu ffwrdd-â-hi a cherddoriaeth wyllt yn cael ei chwarae ar wib yn hollol rhydd ac yn ddireol. Pan â'r alaw ar adain a hedfan heibio clustiau'r cerddorion a'r gwrandawyr, nid rheolau caeth nodau ar bapur sy'n gorfodi hynny, ond rhyddid pur yr alaw a'r cerddorion.

Rhyddid cerddorol yw un o hanfodion cerddoriaeth werin, nid y gwrthwyneb, ac aiff hynny'n aml yn groes i rai o draddodiadau diweddar y diwylliant 'gwerin', megis cystadlaethau eisteddfodol. Bu enghreifftiau dirifedi mewn eisteddfodau lle na wobrwywyd canwr oherwydd iddo ganu nodau gwahanol i'r hyn oedd ar y llinellau hen nodiant.

Yn Boston yn 1903 aeth yr heddwas Chief Francis O'Neill ati i gofnodi dros fil o alawon Gwyddelig a chwaraeai'r cerddorion yno. Un peth a amlygwyd gan yr holl waith oedd ei bod fwy neu lai yn amhosib cofnodi teithi alawon yn union, boed hynny'n nodau neu'n rhythm. Roedd y rhythmau mor gymhleth fel nad oedd yn bosib eu cofnodi'n rhwydd, os o gwbl, drwy arddulliau cofnodi cerddoriaeth hen nodiant. Yn yr un modd, roedd y nodau weithiau rywle rhwng y nodau cyffredin a geir yn null hen nodiant ac, o'r herwydd, nid oedd yn bosib i'r heddwas eu cofnodi'n gywir.

Aeth rhai o'r alawon ar goll yn niwloedd amser, ond fe'u ceir o hyd yn y llyfr *O'Neill's 1001 Irish Tunes*. Gedy hynny'r cwestiwn a yw'r alawon a gofnodwyd yn y llyfr yn adleisio'r alaw a glywodd O'Neill ynteu a yw fersiwn O'Neill yn llai rhythmig a chyda nodau gwahanol i'r hyn a chwaraeodd y ffidlwyr hynny yn Boston dros ganrif yn ôl?

Mi fûm rywdro mewn sesiwn werin yn y Nelson ym Mangor. Roedd honno'n sesiwn a hanner. Rhannais gar gyda Hefin Traws a chanfod y ddau ohonom gyda'n banjo a mandolin yng nghwmni nifer fawr o ffidlwyr a cherddorion eraill. Roedd oddeutu ddeuddeg ffidlwr a phob un ohonynt yn ddawnus ac yn ardderchog. Ond roedd rhywbeth o'i le. Bûm yn hir iawn yn methu deall beth oedd yn tarfu arnaf ac yn methu gweld y broblem.

Yna daeth yn eglur. Roedd y cerddorion yn rhy dda! Swnia'r syniad yn wallgof. Sut gall cerddorion fod yn rhy dda? Daeth yn amlwg i mi eu bod wedi ymarfer fel pe byddent yn aelodau o gerddorfa a bod pob nodyn yn berffaith. Roedd y cyfan yn rhy berffaith, yn rhy berffaith o lawer. Swniai i mi fel petai'r cerddorion hyn wedi dysgu'r alawon o lyfr ac nid mewn sesiwn. Doedd y rhyddid pur sy'n angenrheidiol ddim yno. Roedd y cyfan yn rhy gywir.

Yng nghanol y noson, a'r ffidlau'n cyd-symud mor gelfydd, aeth rhai ati i ganu cerdd dant mewn arddull a ymddangosai fel rhywbeth a ymarferwyd ynghynt. Roedd canu cerdd dant mewn sesiwn werin yn rhywbeth hollol newydd i mi – ni welais y fath beth erioed o'r blaen ac nid wyf wedi gweld hynny wedyn. Ar yr un llaw roeddwn wedi gwirioni bod y fath beth yn gallu digwydd, ond ar yr un pryd roedd y trefnusrwydd a'r perffeithrwydd mewn ffordd yn dwyn y rhyddid oddi ar y sesiwn.

Myfyrdod hollol bersonol yw hyn, wrth gwrs. Os hoffai rhywun ymweld â sesiwn werin o safon uchel iawn, sesiwn y Nelson, Bangor, yw honno heb os.

I mi, mae'n rhaid i'r sesiwn fod yn hwyl ac yn rhydd. Mae'n rhaid wrth ganeuon digrif, alawon gwyllt a digon o chwerthin. Heb hynny, nid yw'n sesiwn. Ond hollbwysig hefyd yw deall ychydig am gefndir diwylliannol y gerddoriaeth. Er y cofnodwyd 'Beth yw'r Haf i Mi?' gyntaf yn 1807 fel alaw ddawns, byddai unrhyw Gymro gwerth ei halen yn gwybod am eiriau angerddol y Fonesig Parry-Williams ganrif yn ddiweddarach ac yn amheus o chwarae'r gainc mewn sesiwn erbyn hyn fel alaw pibddawns ar wib. Mae digon fyddai'n anghytuno gyda mi, wrth gwrs, ac fe geir niferoedd da o gerddorion sydd yn mynychu sesiynau er mwyn ymarfer yr alawon yn unig, heb dalu digon o sylw i hanes yr alaw neu darddiad y geiriau a'r diwylliant o'u cwmpas. Credaf fod sesiynau yn fwy na hynny.

Dros y ganrif neu ddwy ddiwethaf bu'r traddodiad Protestannaidd yn fwrn ar ddiwylliant gwerin Cymru. Gwrthodwyd y ffidlau a'r telynau a daeth emynau i gymryd eu lle. Gwyddom fod rhai emynau wedi eu gosod ar alawon gwerin, neu ganeuon ffair fel y'u gelwid, ac yna, gydag amser, daethant yn ganeuon tafarn. Fel y gwyddys, datblygodd yr emynau hyn yng nghwmni'r traddodiad corawl i foddi'r caneuon gwerin traddodiadol yn ein tafarnau. Daeth effaith yr emynau ar gerddoriaeth werin i efelychu effaith y Saesneg ar yr iaith Gymraeg. Datblygodd hynny i'r fath raddau nes bod llawer un o'r sesiynwyr gwerin yn ymwrthod â chanu emynau yn gyfan gwbl a bron yn ysgyrnygu ar y rhai sy'n troi at emynau mewn sesiynau.

Arferid dweud yn ystod y bymthegfed ganrif, 'Drwy

ei lygaid y pecha dyn, megis edrych ar garol.' Daw'r gair 'carol' yn wreiddiol o'r gair am rywbeth oedd yn troi'n gylch (tebyg i garwsél) ac fe'i defnyddid yn enw ar alaw neu gân oedd yn gyfeiliant i ddawns, yn aml mewn perthynas â rhyw ŵyl arbennig. Felly, byrdwn y dywediad oedd bod pechod mewn gwylio rhywbeth aflednais, megis gwylio dawns. Roedd pechod yn rhan hanfodol a chreiddiol o gerddoriaeth werin!

Nid oedd yr eglwys wladol yr un mor negyddol â'r capeli am gerddoriaeth werin. A dyna eironi mawr y sefyllfa. Yr eglwys a'i holl reolau caeth roddodd y mwyaf o ryddid i'r byd cerddoriaeth werin.

Awgryma enw'r alaw hon, 'Jig Esgob Bangor', nad oedd yr esgob hwn yn gweld y diwylliant gwerin fel rhywbeth negyddol. Hir y pery hynny.

Llwyn Onn

Ac felly, ymlaen at 'Llwyn Onn'. Ar wahân i 'Ymdaith Gwŷr Harlech', mae'n siŵr mai dyma un o'r alawon mwyaf adnabyddus o'r casgliad Cymreig. Alaw rwydd, hawdd i'w chanu a'i chwarae, ac alaw sydd wedi rhoi byd o bleser i gerdd-dantwyr, dawnswyr a sesiynwyr ar hyd y blynyddoedd, ond hefyd i gefnogwyr rygbi!

Y cefnogwyr hynny â'u caneuon maswedd sydd wedi cael eu hwyl arferol a rhoi geiriau i'r alaw 'Llwyn Onn': 'One black one, one white one, and one...' ac felly ymlaen. Mae'n gân sydd yn codi embaras ar ambell Gymro fel arfer, ac o'r herwydd yn gân y mae rhai ymhlith sesiynwyr wrth eu boddau yn ei chanu. Ac eto, yn yr un modd ag 'Ymdaith Gwŷr Harlech' â'r cefnogwyr pêl-droed, caf ryw fwynhad a balchder o wybod bod Cymry cyfoes yn cael mwynhad, er mor amheraidd, drwy ganu hen, hen alaw Gymreig.

Bu llawer iawn o ganu ar 'Llwyn Onn' fel cân ar wahân i'w defnydd mewn gosodiadau cerdd dant hefyd. Mae'r rhan fwyaf yn gyfarwydd â'r geiriau am y pendefig fu'n byw yno yn y plas, a hefyd am y geiriau eraill gan un yn disgwyl ei gariad ger hen dderwen. Bu rhai o blant Lloegr yn canu

My teacher's got a bunion,
Her face is a pickled onion,
Her nose is a squashed tomato,
And her hair is barbed wire.

Nid yw'r geiriau gwirion yn anghyffredin i'r alaw ychwaith, a hynny ar draws Prydain gyfan ac Iwerddon. Fe'i cofnodwyd gan y ffidlwr Albanaidd Gow yn ei lyfr o 'strathspeys' (cerddoriaeth ddawns Albanaidd) fel alaw Gymreig gyda'r enw 'Sir Watkin William Wynn'. Dywedir bod cofnod ohoni yn cael ei chanu yn Iwerddon yn ystod yr ail ganrif ar bymtheg ac fe'i defnyddir hyd heddiw gan ddawnswyr Morus Lloegr. Yn llyfr enwog O'Farrell fe'i gelwir yn 'Llewellyn. A favourite Welch Air'.

Ond pa mor hen? Ai hon, alaw'r cerdd-dantwyr a'r bois rygbi, yw'r alaw Gymreig gyntaf a gofnodwyd, a'r hynaf? Pa sicrwydd sydd gennym ni ynglŷn â hanes cynnar yr alawon hyn? Soniodd cyfaill i mi rywdro nad oedd modd casglu ffeithiau hanesyddol am ganu'r werin ac mai canu'r uchelwyr oedd ar gof a chadw gan amlaf. Efallai fod hynny'n wir, ac eto...

Dywed arbenigwyr wrthym fod hanes y delyn yng Nghymru yn adrodd llawer iawn am y bobl a fu'n byw yma ac, yn naturiol, am y traddodiad cerddorol. Mae alawon Cymreig i'r delyn yn dilyn y graddfeydd cerddorol mwyaf a lleiaf y gwyddom ni amdanynt ac a ddefnyddiwn ni heddiw. Daeth canu'r alawon lleddf/lleiaf a'r llon/mwyaf yn rhwyddach i'w gyflawni ar y delyn wrth i'r offeryn ddatblygu dros gyfnod o ddwy ganrif o'r unfed ganrif ar bymtheg ymlaen. Cyn dyfodiad y delyn deires cafwyd telynau gyda phedalau cromatig a wnaeth chwarae alawon yn haws.

Dywedodd John Parry, Bardd Alaw, fod rhai nodweddion arbennig i alawon Cymreig. Roedd y rheini'n cynnwys, meddai, cytgan gydag alaw bob ochr iddi, ond os oedd yr alaw'n lleddf byddai'r gytgan yn llon ac i'r gwrthwyneb.

Hefyd byddai'r seithfed nodyn yn feddalnod yn aml. Ar adegau eraill byddai'r alawon yn cymysgu cyweiriau llon a lleddf gan sicrhau seiniau moddol cywir. Roedd rhythmau arbenigol hefyd, yn ogystal â defnyddio graddfeydd arbennig, ond nid rhai pentatonig fel yr alawon Gwyddelig ac Albanaidd.

Roedd llawer yn rhagor o nodweddion a oedd bron yn unigryw i Gymru yn ôl John Parry ac mae ambell alaw yn dilyn nifer o'r nodweddion hynny. Ond mae un alaw sydd yn dilyn yr union nodweddion a ddisgrifir gan John Parry yn ôl y gwybodusion, a 'Llwyn Onn' yw honno.

Ac felly, ai dyma'r hynaf ohonynt i gyd tybed? Pwy a ŵyr, ond mae'n fwy na phosib fod hon yn wirioneddol hen, ganrifoedd lawer hyd yn oed. Mae cof cenedl yng nghanol 'Llwyn Onn', mae'n debyg, cof o'r oesau a fu.

Ceir ambell gof hir iawn yn ninas Abertawe hefyd. Bûm allan am beint yn Abertawe a chael sgwrs gyda hen ŵr yn nhafarn y Queens am dafarndai y dref. Aeth y sgwrs ymlaen i drafod pa mor ddifrifol o sâl ydoedd tafarnau Abertawe

Tafarn y Queens, Abertawe

erbyn hyn, yn enwedig y tafarnau plastig afiach sydd wedi eu gwreiddio bellach yn Stryd y Gwin (Wind Street) yng nghanol y ddinas.

Serch hynny, tafarn ardderchog yw'r Queens, tafarn draddodiadol ddinesig gyda llu o gymeriadau difyr, diwylliedig ac anniwylliedig ymysg yr yfwyr. Rhwng y nenfwd eithriadol o uchel, y ffenestri bwaog enfawr a'r awyrgylch hamddenol gellid cael maddeuant am anghofio bod tafarnau gwael iawn i'w cael ychydig gannoedd o fedrau i ffwrdd.

Tra oeddwn yn sgwrsio gyda'r hen ŵr dywedodd wrthyf mai tafarn dda iawn oedd honno nid nepell oddi wrth y Queens, sef y Gloucester Arms. Ni chlywais am y dafarn honno erioed ac felly dyma ofyn ymhle yr oedd hi felly. A'r ateb syfrdanol oedd, 'Dyw hi ddim 'na nawr, bachan, cafodd 'i bomio adeg y rhyfel!'

Dyna i chi beth yw cof!

Merch y Tafarnwr yn Enwi'i Chariadon

Rhan annatod o fywyd ac angau, wrth reswm, yw serch, chwant a chariad. Ac mae'n siŵr mai mewn tafarnau yn aml y mae llygaid yn cwrdd am y tro cyntaf y dyddiau hyn. Ond weithiau daw pethau eraill i darfu ar deimladau synhwyrus pob Casanova, boed hwnnw'n gerddor, yn fardd, yn athro neu'n offeiriad. Difyr yw darllen cyffes Dafydd ap Gwilym, sef ei hoffter o fynychu'r eglwys yn Llanbadarn Fawr, nid i addoli ond i lygadu'r merched.

Does gen i ddim syniad am gefndir yr alaw hon nac o ble y daeth yr enw gwych. Mae'r enw'n swnio fel petasai rhywun wedi ymdrechu i ganfod rhywbeth a fyddai'n wrth-Fethodistaidd! Ni fyddai'n enw i'w werthfawrogi gan ddirwestwyr, yn sicr, ac mae'n siŵr na fyddai'r hen grefyddwyr yn or-hoff o unrhyw ferch a feddai ar nifer o gariadon!

Yn Nolgellau mae beddrod ar siâp pyramid a wnaiff argraff ar unrhyw un aiff heibio. Saif ar ymyl y Marian Mawr yn coffáu'r bardd o'r ddeunawfed ganrif Dafydd Richards, neu Dafydd Ionawr yn ôl ei enw barddol.

Ym Mryncrug ger Tywyn y ganed Dafydd Richards, yn 1751. Ceir peth dadlau ynglŷn â'r ffeithiau, ond mae'n debyg i Ieuan Brydydd Hir gael cryn ddylanwad arno tra oedd yn ifanc. Er iddo gael addysg ragorol yn Ystradmeurig, Wrecsam a Rhydychen, nid oedd hynny wrth fodd Dafydd a phenderfynodd adael Rhydychen ar ôl blwyddyn yn unig. Dychwelodd i Gymru i fod yn athro mewn amryw o ysgolion cyn ymsefydlu yn Nolgellau, ac yno y bu hyd ei farw yn 1821.

Dywed Morris Williams yn awgrymog ym mywgraffiad Dafydd Ionawr:

> Ymglymmodd serchiadau y plentyn am ei fam gyda gwresogrwydd tu hwnt i gyffredin... ac ymddieithrient oddiwrth ei dad.

Yna cawn hanes carwriaethol yr hen Dafydd fel a ganlyn:

> Syrthiodd yn ddwfn mewn cariad at ferch i'r Parch. Mr. Roberts, Periglor y dref gymmydogaethol Whittington. Nis gwyddom ddim am rinweddau y ferch ieuanc, ond ymddengys ei fod ef yn nodedig o "glaf o gariad" tuag ati, ac yn fwy felly, yn ddiammau am ei fod ef, fel yr ydym yn deall, yn gorfod caru y cwbl ei hun, o leiaf felly yr oedd er dim a wyddai ef. Ni chafodd unwaith le i gredu ei bod hi yn ei garu ef. Pa ryfedd? Fel llawer un arall nis gallodd unwaith gasglu digon o wroldeb i anturio cyffesu ei deimladau wrthi; ac felly, pa fath bynnag oedd teimladau dirgelaidd y foneddiges ieuanc, yr oedd ei bod yn gwrthod amlygu yr un teimladau tuag atto ef ar unrhyw delerau eraill yn un prawf eglur ei bod yn ferch ieuanc gall ac yn deilwng o'i serch. Fel canlyniad naturiol o'r esgeulusdra hwn o astudio, neu, o leiaf, o ymarfer egwyddorion y gangen honno o athroniaeth naturiol – carwriaeth – yn well, trodd yr anturiaeth garuol hon yn hollol siomedig, a siomedigaeth ddirfawr a fu iddo ef. Bu y traflwnc chwerw hwn yn feddyginiaeth mor effeithiol i'r clefyd poeth yr oedd ynddo fel na flinwyd ef ganddo byth ar ôl hynny. Ni leihaodd ddim ar ei barch i'r "rhyw deg", ond diffoddodd bob gwreichionyn o ffydd oedd ganddo ef yn ei alluoedd caruol, a chwbl gredodd o hynny allan mai nid un o honynt oedd gyfrifol iddo gael ei adael heb unrhyw

gydmares, a honno yn wir gysur iddo hefyd. Ni raid hysbysu i neb a ddarllenodd ei waith pwy neu pa beth oedd y gwrthddrych hwnnw.

... mirain
Gydmares ei fywyd
Oedd ei Awen dda ddiwyd,
Cai hon ei galon i gyd.

Ynghylch 40 mlynedd ar ôl y siomedigaeth hon, gofynnai boneddwraig iddo, – "Mr Richards, a fuoch chwi erioed mewn cariad?" "Do, Ma'm, unwaith." "Dear me, Mr. Richards, ni fuaswn byth yn meddwl fod un ferch yn y byd yma yn ddigon perffaith i ennill eich serch chwi." "O, Mrs Jones bach, yr oeddwn yn ei gweled fel angyles y pryd hwnnw." "Yn wir, Mr. Richards, digon tebyg ei *bod* yn angyles." "O, nac oedd mwy na chwithau, Ma'm; ond yr oeddwn i yn meddwl felly y pryd hwnnw, ac yr oedd hynny yn ddigon i mi ei charu." Nid cyfrol anniddorol mewn un modd fuasai honno ar "Garwriaethau'r Beirdd." Nid ydym yn tybied y byddai yn unrhyw anrhydedd i'w talentau caruol. Ai ymhell i brofi mai y Beirdd goreu oedd y carwyr salaf.

Awgrymir yn y bywgraffiad fod y bennod hon o'i fywyd wedi cael cryn argraff ar Dafydd Ionawr a'i fod wedi datblygu i fod yn ddyn ychydig yn 'rhyfedd'! Tra oedd yn byw yn Nolgellau byddai'n cerdded yn ôl a blaen am oriau lawer bob dydd ar hyd y Marian Mawr yn y dref er mwyn myfyrio. Mae'n sicr ei bod yn olygfa ryfedd, 'benffol a chwerthinllyd', ac fe'i disgrifir yn fanwl gan

Dafydd Ionawr

awdur y bywgraffiad. Roedd Dafydd yn ddyn tal, syth, lled denau, esgyrnog, yn gwisgo het ffelt â chantel llydan, clogyn mawr du dros ei gôt a chlos melfed gyda'i liniau ynghau â byclau arian disglair, a'r rheini hefyd yn cau ei esgidiau. Roedd yn 'llwyd, llym, myfyrgar, a difrifol' tra oedd yn cerdded yn araf, a'i

ddwylaw ymhleth o'r tu ôl iddo a'i ffon yn un ohonynt, a'i olygon tua'r ddaear, heb wneud y sylw lleiaf o na boneddig na gwrêng sydd yn ei gyfarfod. Am beth amser cerdda yn ei ddull arafaidd a digynnwrf cyffredin, ond cyn hir dacw y pendil – yr hen ffon – yn dechrau symud yn ôl ac ymlaen... ha! Dacw air i'r dim wedi ei gael, a llam mor heinyf â'r llwdn asyn gwyllt, a *hearty laugh* a churo dwylaw egnïol ydyw y canlyniad!

Mae'n debyg bod pobl Dolgellau wedi dechrau mynd i'w ofni tra oedd yn troedio'r Marian Mawr. Dafydd Ddu gyfansoddodd y geiriau:

Bydd gwŷr Dolgellau'n synnu, a'r gwaith yn ffynnu'n ffôl
Wrth weld y Bardd yn pwyntio ei ddwylo ar y ddôl;
A thyma ran ar unwaith o'u haraith hirfaith hwy; –
Pwy ydyw'r dyn penchwiban, pwy ydyw'r penwan, pwy?
Pwy ydyw'r dyn penchwiban sydd ar y marian mawr
Yn chwerthin, siarad, neidio, a'i bwys yn llwytho'r llawr?

Barddoniaeth grefyddol oedd gwaith Dafydd Ionawr bron yn gyfan gwbl ac, o'r herwydd efallai, mae ei ganu'n ymddangos yn sych a diflas i'r oes hon. Ond os nad yw ei ddawn fel bardd yn ein taro, mae maint ei waith yn werth ei ystyried. Bu'n fwy cynhyrchiol na'r rhan fwyaf o feirdd Cymru a llwyddodd i wneud i awdlau cyfoes yr Eisteddfod (dim mwy na 250 llinell fel rheol) edrych fel *haiku*.

Cerdd	Llinellau
'Cywydd y Drindod'	13,606
'Cywydd y Diluw' [sic]	1,696
'Cywydd Joseph'	5,342
'Cywydd y Mil Blynyddau'	1,692
'Barddoniaeth Gristnogawl'	5,840
Cyfanswm	28,176

Ystyriwch y peth! Dros wyth mil ar hugain o linellau o gynghanedd mewn pum cerdd, a'r rheini bron i gyd ar destun crefyddol!

Yn naturiol ddigon, nid oes llawer o 'fynd' ar ei waith y dyddiau hyn a phrin bod mwyafrif pobl Dolgellau wedi clywed amdano, heb sôn am ddarllen ei farddoniaeth.

Geiriad y beddfaen yw:

Bedd DAFYDD IONAWR
bu farw Mai XII
MDCCCXXVII
ei oedran LXXII M.S.
BARDI CHRISTIANI MERVINIENSIS OB A.D
MDCCCXXVII AETIAT SUAE LXXVII

Bu amryw o feirdd yn Nolgellau ar hyd y canrifoedd a bûm yn ddigon ffodus i adnabod ambell un ohonynt. Beirdd gwlad oeddent gan amlaf, gyda chlust wedi ei mireinio i glywed y gynghanedd. Un o'r rhain oedd gweinidog y Tabernacl yn Nolgellau a meuryn Ymryson y Beirdd am gyfnod hir yn yr Eisteddfod, O. M. Lloyd.

Bu O. M. Lloyd yn poeni am gyflwr y beddfaen ac aeth ati gyda chymorth adeiladwr lleol i'w drwsio a'i wneud yn ddiogel i'r oesoedd a ddêl. Cofnododd yr hanes yn ei erthygl wythnosol ym mhapur newydd *Y Dydd* yn Nolgellau ac mae'r erthygl honno bellach wedi ei rhoi ar gof a chadw yn y gyfrol *O Gader Idris*, detholiad o ysgrifau O. M. Lloyd a olygwyd gan fy nhad, Tecwyn Owen.

Bedd Dafydd Ionawr

Gwelodd O. M. Lloyd dristwch mawr yn y ffordd yr anghofiwyd Dafydd Ionawr a'i gerddi ('Cywydd y Drindod' a 'Cywydd y Mil Blynyddau') gan ddweud:

Bedd Dafydd Ionawr
Er ei 'Drindod,' fardd clodfawr, – a nyddu'r
 'Mil-Blynyddau' enfawr,
  Nid â neb i weld yn awr
  Fedd unig Dafydd Ionawr

Credaf rywsut y byddai Dafydd Ionawr wedi gwerthfawrogi'r englyn teyrnged.

Taith i Ddenmarc

Rhyfedd o beth yw cenedligrwydd. Rwyf newydd ddychwelyd o Stadiwm Liberty lle cefais y fraint o wylio'r Swans yn rhoi cweir arall i Newcastle. Hyfryd yw gwylio'r Swans, yn enwedig wrth sylweddoli bod bron pob gêm yn erbyn tîm o Loegr. Er nad oes llawer o Gymry yn y tîm fel rheol, daw mwynhad sylweddol pan fydd ambell chwaraewr yn Gymro, neu'n well fyth yn Gymro Cymraeg, neu'n well eto fyth yn Gymro Cymraeg o'r ardal leol. Bu Joe Allen a Ben Davies yn arwyr.

Bûm yn holi cyfaill o Gwm Tawe am gefndir Ben Davies. Tybed o le yn union yr hanai? Ym mha le y'i magwyd? Bu cryn drin a thrafod ac anghytuno. Rhyw hanner awr yn ddiweddarach daeth yn amlwg mai am y diweddar Barch. Ben Davies y soniai'r cyfaill, nid arwr yr Elyrch!

Prin bod unrhyw le yng Nghymru yn fwy Cymreig a gwladgarol na Stadiwm Liberty ar ddiwrnod gêm y Swans. Pawb yn bytheirio a rhegi'r hen elyn. Pawb yn canu am y gorau... Ac eto, yno, yng nghanol y cefnogwyr a rhwng y dreigiau coch, mae un faner Brydeinig Jac yr Undeb. Bu rhywrai yn y gorffennol yn sôn am ddylanwadau ffasgwyr Prydeinig ar dorf pêl-droed Abertawe ac efallai fod rhywfaint o wirionedd yn hynny yn ystod y saithdegau a'r wythdegau, ond ni chredaf fod hynny'n wir bellach.

Yr hanes yn ôl cefnogwyr hirdymor yw bod rhai o laslanciau Abertawe wedi bod yng Nghaerdydd mewn gêm ddarbi ddegawdau yn ôl a thra oeddent yno mewn tafarn a arferai fod yn gartref arbennig i gefnogwyr Caerdydd bu iddynt rwygo baner Jac yr Undeb i lawr a'i dwyn. Mae'n draddodiad ganddynt erbyn hyn ei harddangos i'r teledu yn fwriadol yn ystod pob gêm i atgoffa ac edliw i gefnogwyr Caerdydd am yr hyn ddigwyddodd.

Nid yw'n draddodiad sydd yn fy mhlesio i, mae'n rhaid cyfaddef, ac rwy'n gwingo bob tro y'i gwelaf yno neu ar y teledu. A gwn am y camargraff a roddir o Abertawe ar draws Cymru o'r herwydd. Yr hyn nad yw'r rhan fwyaf o'r rhai na fuont yn y Liberty i'w weld yn deall yw bod baneri lu o gwmpas y stadiwm sydd yn fwriadol yn ymwrthod â'r faner hyll honno. Ceir un gan y Gogs, 'Jacs y Gogledd', ac yn well fyth mae baner enfawr Phil Lewis, cyn-gitarydd gyda'r grŵp pync Y Sefydliad. Draig goch enfawr ydyw, gyda'r geiriau 'Dal Dy Dir' drosti mewn llythrennau clir a chadarn.

Ond dengys hyn i mi pa mor gymhleth yw cenedligrwydd yma yng Nghymru, a'n traddodiadau cynnes ac annwyl.

Mewn sesiynau gwerin ar draws Cymru fe chwaraeir yr hen alaw draddodiadol 'Tŷ a Gardd'. Alaw sionc a llawen ydyw, ac alaw i ganu iddi hefyd. Bu i J. Glyn Davies roi geiriau i'r alaw gyda chytgan sy'n ymdebygu i:

> Geneth lân o Lŷn wyf fi a thi o Abertawe
> Wna i wraig fach dda i ti os wnei di ŵr i minne.

Tra oeddem yn ei chanu mewn sesiwn yn yr Oakeley Arms ger Maentwrog beth amser yn ôl roedd cwpl o'r Ffindir yno yn bwrw'u swildod. Daethant atom ar frys mawr ac yn llawen pan glywsant yr alaw 'Tŷ a Gardd', alaw draddodiadol ac anthem eu dinas hwy yn y Ffindir. Roeddent yn methu deall sut gallasai eu dinas hwy fod wedi dwyn yr alaw hon a'i mabwysiadu oddi ar y Cymry.

Chymerodd hi fawr o dro i un o'r Cymry gydnabod nad alaw Gymreig mohoni'n wreiddiol, ond alaw o Lychlyn.

Ceir dylanwadau rhyngwladol ar bob twll a chornel o Gymru fach, o Aberdaron i Drefynwy. Yn Abertawe ceir dylanwad yr Amerig ymhob twll a chornel, o Philadelphia Street yn Nhreforys i ardaloedd yr hen ddociau. Ond yr hanes rhyfeddaf yw hwnnw am yr Hafod.

Prin fod pobl Abertawe yn ynganu'r 'H' pan fyddant yn dweud 'Hafod'. Wrth siarad Cymraeg a Saesneg bydd yr Hafod yn troi'n ''r Afod' neu 'the Afod'. Ac yno, yn ardal ddinesig yr Hafod, ceir y dafarn 'The Hafod'. Nid nepell oddi yno roedd tafarn arall yn dwyn yr enw 'The Lower Hafod' ac aeth y tafarnwr ati, ni wn pa un ai wrth gellwair neu beidio, i newid yr enw a'r arwyddion yn 'The L.A.' neu'r 'Lower Afod'.

Cred y rhan fwyaf ohonom fod cystadleuaeth yn beth da i fodolaeth dynolryw ac aeth tafarn arall ati i newid ei henw o'r Duke of York i'r New Yorker. Chwaethus ac Americanaidd iawn.

Ond wedyn, roedd tafarn arall yr ochr draw i dafarn The Hafod ac aeth y bobl leol ati i ddechrau galw'r dafarn honno yn 'The U. S. of A.' neu 'The Uther Side of Afod'!

A dyna sut y bu i dair tafarn yn Abertawe, medde nhw, ddwyn enwau o'r Amerig – The L.A., The New Yorker a'r U.S.A.

Nid nepell oddi yno, mewn ardal ddinesig arall a enwyd ar ôl y cyfnod amaethyddol, Dyfatty (Defaid Tŷ?), a chartref Gruffydd John y cenhadwr gynt, a gyfieithodd y Beibl i iaith Mandarin, mae ardal o'r ddinas lle yr ymgartrefodd Gwyddelod. Bryn Melyn yw'r enw Cymraeg ar y lle ond Green Hill yw'r enw Saesneg a byddaf yn aml yn meddwl tybed a fu traddodiad o gerddoriaeth Wyddelig yn yr ardal amser maith yn ôl.

Erbyn hyn ceir sesiynau traddodiadol lu o amgylch

Abertawe, gyda niferoedd da o gerddorion a sesiynwyr, hwyliau a cherddoriaeth, ac ambell un yn hysbysebu 'Folk Session', rhai eraill yn 'Irish and Celtic Session', eraill eto yn 'Bluegrass Session' a rhai eraill wedyn yn 'World Music Session'. Rydw i, yn hunangyfiawn, yn mwynhau meddwl mai ein sesiynau ni yw'r unig rai sydd yn Gymraeg a Chymreig eu natur... ond tybed?

Yn Iach
i Ti Gymru

Soniais eisoes yn y penodau ar 'Doed a Ddêl' a 'Jig Esgob Bangor' ei bod bron yn amhosib cofnodi ambell alaw drwy'r drefn hen nodiant, neu'r 'dots' bondigrybwyll. Yr unig ffordd mewn gwirionedd i ddysgu alaw yn iawn a'i chanu gyda'r teimlad anhepgor yw ar y glust. Rhaid clywed yr alaw a'i hefelychu. Efallai y bydd ambell nodyn yn wahanol i'r hyn a welir mewn copi hen nodiant, ond bydd naws y gân gennych.

Ac eto, mae'n rhaid cydnabod gwerth hen nodiant. Ni fyddai nifer dda o'n halawon i'w clywed o gwbl oni bai bod rhywrai wedi eu cofnodi gystal ag oedd bosib drwy'r dull hwn. Rwyf innau wedi dewis rhoi alaw mewn arddull hen nodiant ar frig pob pennod drwy'r gyfrol hon. Nid oes diben esgus, cogio na smalio nad yw'n hollbwysig i'r traddodiad erbyn heddiw.

Tua 1613 cofnododd y telynor o Fôn, Robert ap Huw, oedd yn ŵyr i'r bardd Sion Brwynog, gerddoriaeth i'r delyn Gymreig gan ei galw'n gerdd dant barddol. Rhoddwyd dyddiadau cyfansoddi posib rhwng tua 1340 ac 1500 gan arbenigwyr ar gyfer yr un alaw ar ddeg ar hugain a gofnodwyd. Aeth nifer o gerddorion cyfoes i geisio gwneud synnwyr o'r cofnodion ac fe recordiwyd nifer dda o'r oriau o gerddoriaeth gan bobl fel Paul Dooley, Bragod a Bill Taylor. Ond nid yw'r un ohonynt, i fy nghlust i, yn swnio'n debyg i'r hyn a ddisgwylid heddiw fel cerddoriaeth werin na cherdd dant.

Sylweddolodd William Penllyn yn ystod yr unfed ganrif ar bymtheg mai byr fyddai parhad yr oes farddol ac, o'r herwydd, y deuai'r traddodiad llafar i ben. Aeth ati i greu system o gofnodi cerddoriaeth a bu iddo roi nifer dda o alawon ar gof a chadw. Aeth y cofnod hwnnw ar goll, ond mae copi Robert ap Huw o'r llawysgrif gennym o hyd yn yr Amgueddfa Brydeinig.

Roedd Robert ap Huw yn dipyn o gymeriad hefyd. Sylweddolodd yntau nad oedd bri ar gerdd dant ac wedi rhoi'r gorau iddi aeth i drybini gyda'r gyfraith. Cafodd ei garcharu, ond llwyddodd i ddianc a diflannu am beth amser, cyn dod i'r fei yn llys Siams y Cyntaf!

Yr hyn sydd yn ddifyr am lawysgrif Ap Huw yw nad oes gan neb bellach syniad sut i'w dehongli. Aeth y dull cofnodi hwnnw yn angof ac mae arbenigwyr yn dadlau ymysg ei gilydd hyd heddiw ynglŷn â sut mae canu'r nodau rhyfedd a welir ar y papur. Nid oes gennym unrhyw fodd o'u deall yn iawn, er y byddai rhai'n anghytuno mae'n sicr.

Roedd un ffordd arall gan y Cymry o sicrhau parhad yr alawon gwerin, ar wahân i'r hen nodiant. Er nad oedd yn fwriadol bob tro, aeth nifer ati i roi geiriau i'w canu, boed yn ganeuon gwerin neu'n emynau, i'r alawon. Aeth rhai ati'n fwriadol i wneud hynny, i sicrhau hirhoedledd yr alawon, ac un o'r rhai hynny oedd Ceiriog (John Ceiriog Hughes, 1832–87).

Roedd Ceiriog yn un o feirdd pwysicaf Cymru a saif ei ganeuon a'i gerddi yng nghof y Cymry o hyd. Ei waith pwysicaf yw'r fugeilgerdd 'Alun Mabon', a ddaeth i'r brig yn yr Eisteddfod Genedlaethol yn 1861. Yn y fugeilgerdd ceir nifer fawr o gerddi wedi eu gosod ar alawon gwerin sydd yn adrodd hanes amaethwr yn byw ei fywyd gwerinol ar fryniau Meirionnydd. Ynddi ceir geiriau 'Bugail Aberdyfi', 'Cân yr Arad Goch', 'Y Gwcw' ('Wrth Ddychwel Tuag Adref'), 'Hob y Deri Dando', 'Clychau Aberdyfi', 'Mynydd Aberdyfi' ac, wrth gwrs, 'Aros Mae'r Mynyddau Mawr'. Yn wir, rhy geiriau 'Aros Mae'r Mynyddau Mawr' syniad i ni o fyrdwn gwaith Ceiriog:

> Aros mae'r mynyddau mawr,
>   Rhuo trostynt mae y gwynt;
> Clywir eto gyda'r wawr
>   Gân bugeiliaid megis cynt.
> ...
> Wedi oes dymhestlog hir
>   Alun Mabon mwy nid yw,
> Ond mae'r heniaith yn y tir
>   A'r alawon hen yn fyw.

Sicrhaodd Ceiriog fod rhai o'r alawon yn goroesi. Un o'r rhai hynny yw 'Llanymddyfri', neu fel y'i gelwir mewn sesiynau erbyn hyn, 'Yn Iach i Ti Gymru'. Tybed a fyddem yn dal i glywed yr alaw hon oni bai am eiriau penigamp Ceiriog a'r gân ogoneddus?

> Yn iach i ti Gymru, ffarwl i'th fynyddoedd,
>   Dy nentydd grisialog a'th ddolydd di-ail;
> Y coedydd lle treuliais fy ieuanc flynyddoedd,
>   Lle gwyliais agoriad y blodau a'r dail.
> Mae'r llong yn y porth yn disgwyl amdanaf,
>   O gwae i mi feddwl ymadael erioed;
> Ffarwel! o'r holl famau, y buraf a'r lanaf,
>   A'm cartref gwyn annwyl yng nghanol y coed.

Fy nwylo ddychwelant yn llawn neu yn weigion
  I agor drws annwyl fy nghartref gwyn draw;
Mae'r afon yn sisial yng nghlust yr hen eigion,
  Gan ofyn pa ddiwrnod yn ôl â fi ddaw.
O am dy hen awyr i wrido fy ngruddiau,
  A'm hwian fel plentyn i huno mewn hedd;
A phan y gadawaf hen fyd y cystuddiau,
  Rhwng muriau'r hen fynwent, O torrwch fy medd.

Ond nid yw'r dysgu drwy wrando, neu drwy wrando ar y geiriau ar alaw, bob amser yn rhoi dealltwriaeth lwyr o'r cyfan. Yn canu yn y criw yn Abertawe y dyddiau hyn mae'r Pwyliad Michal. Bu'n gerddor proffesiynol mewn cerddorfa fyd-enwog yn Warsaw yn canu'r tiwba ac ambell offeryn arall cyn teithio i Brydain. Ac yntau'n gerddor clasurol, efallai y byddai disgwyl iddo ddysgu alawon oddi ar bapur erwydd hen nodiant, ond dysgodd yr alawon oll drwy wrando mewn sesiynau gwerin, yn yr un modd â minnau a bron y cyfan o'r criw yn y sesiwn. Cana'r alawon ar y chwibanau.

A ninnau yn sesiyna yn y Queens rhyw noson, gofynnodd

Sesiwn yn y Queens, Abertawe

183

rhywun a fyddem yn canu clasur hwyliog y Tebot Piws, 'Godro'r Fuwch'. O fewn ychydig funudau dychwelodd Michal o'r bar gyda diod i bawb. Roedd wedi camddeall 'Godro'r Fuwch' yn yr holl sŵn ac wedi meddwl mai 'ordro' oedd y 'godro' a glywodd. Camgymeriad derbyniol iawn, ddwedwn i!

Cregennan

Bu nifer dda o grwpiau gwerin dawnus yng Nghymru ers saithdegau'r ugeinfed ganrif gyda rhai ohonynt, megis Ar Log a 4 yn y Bar, yn teithio'n rhyngwladol yn hyrwyddo cerddoriaeth draddodiadol Gymraeg a Chymreig. Maent yn gerddorion dawnus â cherddoriaeth ardderchog sy'n haeddiannol eu parch ar draws y byd gwerin.

Roedd cael fy magu yn Nolgellau yn rhoi golwg ychydig yn wahanol ar y pethau hyn. Yno bu Gŵyl Werin Dolgellau yn ystod y pumdegau, gan sefydlu traddodiad o'r fath, ac yna, pan oeddwn ar drothwy f'arddegau rhwng 1978 ac 1984 cefais fwynhau mynychu cyngherddau Dafydd Iwan, y Dubliners ac eraill mewn pabell ar y Marian Mawr yn yr Ŵyl Werin Geltaidd a gynhelid yn y dref yn flynyddol.

Yn ychwanegol at hyn, wrth gwrs, roedd un peth arall o bwys yn hanu o'r dref. Er nad oedd holl aelodau Cilmeri yn dod o Ddolgellau, fe'u hadwaenid fel grŵp o'r dref ac roedd cryn gyffro pan oeddent yn canu'n lleol neu ar y teledu ar raglenni *Seren Un* a *Seren Dau* ar HTV. Ac roedd Cilmeri yn wahanol. Nid oeddent yn debyg i grwpiau eraill o'r cyfnod – roeddent yn fwy ymosodol eu naws, eu caneuon yn llawn hwyl a'r alawon yn rasio. Grŵp Cymreig o'r iawn ryw oedd Cilmeri, grŵp a recordiodd ddau albwm a'r ddau ohonynt yn fyw i'r glust hyd heddiw. Mae gwrando ar Gilmeri i mi fel gwrando ar rywbeth o dafarn o'r oes o'r blaen. Os am ddysgu alawon sesiwn, ni fyddai rhywun ymhell ohoni o wrando ar recordiau Cilmeri a cheisio'i law ar ambell un ohonynt.

Dywedir yn aml am y grŵp The Velvet Underground nad oedd llawer wedi prynu eu record gyntaf, ond fod pob un a wnaeth wedi cael eu dylanwadu i ddechrau grŵp eu hunain. Nis gwn a yw'r un peth yn wir am y record gyntaf honno yn 1980 gan Cilmeri, ond gwn ei bod wedi cael dylanwad enfawr arna i ac fe bery i wneud hynny. Rwy'n hoff iawn o'r ail record hefyd, ond mae'r gyntaf yn fwy amrwd a llai o sglein arni, ac mae'n albwm sy'n f'ysgwyd bob tro y'i clywaf.

John Jenkins, y carcharor gwleidyddol Cymreig, roddodd ei arlunwaith Celtaidd cywrain ar y clawr, a llun o'r grŵp yn eistedd gyda'u hofferynnau o dan arwydd chwisgi ger lle tân y Last Inn yn y Bermo, lleoliad ambell sesiwn werin dros y blynyddoedd, sydd ar gefn y record. Rhwng gwleidyddiaeth

amlwg a chadarn John Jenkins y dylunydd, enw'r grŵp a'r record, a'r llun ar y cefn, ceir syniad eithaf sicr o syniadaeth yr aelodau.

Clywn delyn, ffidlau a chrwth, gitâr, mandolin, banjo

Cynllun clawr record *Cilmeri*

a *bodhran* gan Cilmeri. Efallai y gellid honni bod dau o'r offerynnau hynny yn wirioneddol draddodiadol Gymreig ac efallai fod rhyw debygrwydd rhwng y *bodhran* a'r tabwrdd, ond prin y gellid dadlau mai offerynnau traddodiadol yw'r cyfan a geir ar y recordiadau. Ac fe gyfyd y cwestiwn beth yw offeryn traddodiadol. Tybed ai'r alawon a'r gerddoriaeth a'r caneuon a'r iaith sydd yn bwysig ac nid yr offeryn o reidrwydd? Gellid canu'r alawon ar gitâr drydan a'r un alawon yn union fyddent. Ond mae un peth yn sicr: does yr un sacsoffon yn agos at seiniau Cilmeri.

Dechreuir yr albwm cyntaf hwnnw gydag alaw newydd a gyfansoddwyd gan Nan Jones, 'Cilmeri'. Dros seiniau telyn Gwenan Griffiths edrydd Robin Llwyd ab Owain gerdd gynganeddol o'i waith ei hun yn arddull Gwenallt (yn ei awdl 'Y Mynach', a enillodd iddo Gadair Eisteddfod Genedlaethol Abertawe 1926):

Y mae rhyw ysgwyd ym mêr yr esgyrn
Yn deffro anadl yn y dyffrynnoedd,
Bydd yno weled gweiniaid yn gedyrn
A bydd eu hanadl fel ias byddinoedd.

Daw heuliau heno, daw hil o'i anadl
A nwyf o eiriau'r hen ŵr cyfarwydd
A gwn fod ei gân ym mlodau'r banadl
A bod ei stori ymhob distawrwydd.

Yna daw ffidil ar ras drwy 'Difyrrwch Ieuan y Telynor Dall', a'r banjo i'w dilyn. Cyn pen dim mae'r delyn a'r gitâr yn rowlio gyda'r *bodhran* a'r holl fand ar 'Ymgyrch-dôn y Waunlwyd' cyn dychwelyd at yr alaw wreiddiol i gloi. Nid gormodiaith yw dweud bod hwn yn ddechrau trawiadol a Chymreig i unrhyw albwm, a byddai'n swnio'n gyfoes heddiw. Roedd y beirniaid yn yr wythdegau yn mwynhau dweud bod seiniau Gwyddelig i Cilmeri. Yn bersonol, ni chlywaf hynny o gwbl ac mae'r cyfan yn greiddiol Gymraeg a Chymreig.

Daw llais dwfn ond tyner Robin Llwyd ab Owain i'n harwain ar yr ail drac drwy 'Ambell i Gân'. Llwydda i roi ysbryd ac arddeliad hollol Gymraeg iddi, ac er bod y cywair yn codi tua'r diwedd mae'r holl deimlad yn werinol yng ngwir ystyr y gair.

Erbyn i'r delyn ein harwain at 'Y Deryn Pur' ac i'r chwibanogl a'r fandolin ymuno newidia naws y record yn ôl at naws sesiwn werin. Rhy 'Glandyfi' sbonc yn yr arddull cyn i'r ffidil hedfan tuag at 'Doed a Ddêl'.

Uwchlaw rhythmau'r *bodhran* ar y trac 'Ymson' cawn yr holl offerynnau yn prysuro a'r holl grŵp yn ateb canu hwyliog Robin Llwyd ab Owain. Gellir dychmygu hon mewn sesiwn werin heddiw a'r holl dafarn yn cael llond bol o chwerthin wrth ganu.

Yn dilyn y set o alawon 'Rhif Wyth' ('cân roc' yn ôl y jôc!), 'Y Ceiliog Gwyn' a 'Jig Llanddwyn', daw hyfrydwch lleddf a dolefus 'Ffarwél i Aberystwyth'. Llifa'r delyn i gyfeiliant sŵn tonnau'r môr cyn i'r chwiban isel godi hiraeth yng nghalon pob gwrandawr. Erbyn heddiw derbynnir 'Ffarwél i Aberystwyth' ar ei hyd fel alaw draddodiadol, ond dywed Huw Roberts yn nodiadau albwm *Stryd America* gan 4 yn y Bar:

> Cyfansoddais yr estyniad rai blynyddoedd yn ôl tra'n aelod o'r grŵp Cilmeri; meddwl fod yr alaw wreiddiol braidd yn fyr. Mae hyn bellach wedi ei dderbyn gan bawb, hynny ydy 'doeddan nhw ddim callach mai estyniad oedd o!

Hen alaw briodasol yw 'Bwlch Llanberis' (neu 'Difyrrwch Pawb a'i Clywo') medd rhai ac fe'i cenir yma yn ysbrydoledig gan roi urddas i ddechrau ail ochr y record, cyn arwain at faled wych y 'Ceffyl Du' a genid gynt gan Bob Tai'r Felin ac eraill. Ni allaf beidio â chwerthin bob tro y clywaf y dechrau hyderus a doniol: 'Mi brynais geffyl gan rhyw ddyn a hwnnw'n rôg fel mi fy hun...' Cofiaf glywed am rywrai yn gwylio'r faled hon yn cael ei chanu yn ffair Cricieth ac un gwrandawr yn dweud, 'Fel hyn roedden nhw'n arfer canu erstalwm wyddost ti', a'r ymateb ar ei ben, 'Blydi hel, naci!'

Rhyfedd bod Cilmeri o bawb wedi dewis dwy alaw wedi eu henwi ar ôl brenhinoedd Lloegr yn 'Hyfrydwch y Brenin Siôr' a 'Rhisiart Annwyl' (neu'r 'Pêr Oslef'), pan glywir y fandolin yn taro pob nodyn fel cloch a'r bysedd ystwyth yn hedfan drwy'r cribellau.

Yn yr un modd â chyda'r 'Ceffyl Du' fe gyfyd rhyw awydd chwerthin afreolus arnaf pan glywaf ddechrau 'Bes'. Bu'r gân hon yn dôn-ffôn ar fy ffôn-lôn am amser maith a bu cryn chwerthin mewn ambell gyfarfod dwys a distaw pan fyddai Robin Llwyd ab Owain yn dechrau canu nerth esgyrn ei ben 'YR OEDD YR OES HONNO...'. Cân wych sydd angen ei hatgyfodi o amgylch tafarnau'r wlad yw hon. 'Faint o gyfnewid yn awr sydd yng Nghymru er yr amser gynt pan oedd Bes yn teyrnasu?'

Gyda'r fandolin a'r esgyrn yn cydweithio'n gelfydd ar y dechrau cyn i'r grŵp cyfan ymuno, ceir plethwaith o alawon yng 'Nghainc y Datgeiniad', 'Gwŷr Wrecsam', 'Pant Corlan yr Ŵyn', 'Y Delyn Newydd' a 'Pwt ar y Bys'. Yn y fan hyn gellir ymdeimlo â naws sesiwn werin Gymraeg ar ei gorau, cyn i'r arddull ddychwelyd at ganu gwerinol gyda'r dôn 'Tafarn y Rhos'. Os nad ydych chi wedi gyrru'ch car gan wrando a chanu gyda Cilmeri mae'ch bywyd yn dlotach o'r herwydd. Aiff yr albwm i gysgu o'r diwedd gydag alawon yn toddi i'r llonyddwch mawr yn ôl.

Gwn fod yr ail albwm gan Cilmeri (a'r olaf) yn fwy safonol, yn well o ran cynhyrchiad, yn arddel cerddorion ar eu gorau ac yn albwm arall yr hoffai llawer ei glywed eto ar CD neu MP3. Ar yr ail albwm, sef *Henffych Well*, daw Dan Morris i fri a rhyngddo yntau, Huw Roberts a Tudur Huws Jones ceir cerddoriaeth werin wych. Gwn fod hyn oll yn wir ac rwyf wrth fy modd yn gwrando arno. Ond gwn hefyd na fydd albwm cyffelyb i'r un cyntaf hwnnw, *Cilmeri*, fyth i'w gael yn y Gymraeg. Albwm o'i gyfnod. Albwm gwerin Cymraeg a Chymreig o'r iawn ryw.

Efallai i Arfon Gwilym ddod yn agosach na neb gyda'i albwm *Proc i'r Tân*, lle cawn hwyl a direidi mewn canu gwerin unwaith yn rhagor, ynghyd ag ychydig o gerdd dant cyfoes. Daw sŵn Bandarall o'r un diwylliant, a cheir yr un ysbryd gan yr Hwntws yn canu 'Tanchwa Llanerch'. Ond saif yr albwm *Cilmeri* yn gadarn i mi fel yr albwm o gerddoriaeth sesiwn Gymreig a Chymraeg.

Ymdaith Dolgellau

Yn hen dref Llanfair Bryn Meurig, neu Ddolgellau fel y'i gelwir heddiw, y deuthum ar draws sesiynau gwerin gyntaf. Bob nos Wener yn nhafarn y Stag byddai criw amrywiol yn cyfarfod i gynnal sesiwn. Deuai rhai o gyn-aelodau y grŵp Cilmeri bron bob wythnos i arwain yr alawon, ac yno hefyd deuai ambell un arall o grwpiau Gwerinos a Defaid ac ambell gerddor amryddawn arall, megis Hefin o Drawsfynydd a Keith o Aberystwyth.

Yno yn y Stag y clywais 'Ymdaith Gwŷr Dolgellau' (fel y'i gelwid yn y dafarn) am y tro cyntaf ac mae'n un o'r alawon rhyfeddaf y gwn i amdani. Mae hi'n alaw berffaith ar gyfer y banjo ac yn hyfryd i'w chanu, ond am dro rhyfedd sydd yng nghynffon rhan gyntaf yr alaw. Tro annisgwyl ac hyd yn oed amhersain efallai. Yn sicr, dyma un o'r alawon mwyaf od ym myd alawon gwerin Cymru.

Datblygodd yr alaw ychydig ymhellach yn Nolgellau ar ddiwedd yr ugeinfed ganrif wrth i'r cerddorion yn y Stag chwarae'r rhan A (y rhan gyntaf) heb y tro yn ei chynffon

191

Sesiwn!

i ddechrau, ond wrth ei hailadrodd chwaraeid y tro yn y gynffon yn gywir ac yn ei gyfanrwydd. Deil 'Ymdaith [Gwŷr] Dolgellau' yn alaw hyfryd oherwydd y tro anghyffredin yn ogystal â gweddill y diwn rythmig. Mae'n chwip o alaw i'w chwarae ar wib â thannau'r banjo'n clecian.

Yn y gyfrol o alawon Mary Richards Darowen a olygwyd gan Robin Huw Bowen enwir John Williams (Y Bermo) yn gyfansoddwr ar 'Ymdaith Dolgellau' ac yntau hefyd oedd cyfansoddwr 'Ymdaith Gwirfoddolwyr y Bermo'. Cymysgir peth ar y sefyllfa gan y ffaith fod y we fyd-eang yn mynnu llurgunio'r alaw a chynnig amrywiol alawon dan yr un enw – 'Ymdaith Dolgellau'.

Bu trafod rywdro yn y Stag am greu albwm consept o alawon gwerin fyddai'n cynnwys y tonau canlynol:

- 'Ymdaith Gwirfoddolwyr y Bermo'
- 'Ymdaith Dolgellau'
- 'Mympwy Corris'
- 'Machynlleth'
- 'Glandyfi'

- 'Rhydypennau'
- 'Cainc Dafydd ap Gwilym' (Llanbadarn)
- 'Ffarwél i Aberystwyth'

Ac enw posib i'r albwm? Wel, *Yr A487* wrth gwrs! Ond roedd problem gan nad 'Ymdaith Dolgellau' yw'r unig alaw sy'n dwyn yr enw 'Dolgellau'. Mae alaw arall aiff yn ôl i'r ddeunawfed ganrif a chynt o'r enw 'Malldod Dolgellau' (fe'i nodir yn *Blodeugerdd Cymru* 1759 fel 'Malldod Dolgellau. Secleha', a daw dan enw gwahanol yn achlysurol hefyd, sef 'Jacla Hare', yng nghasgliad John Thomas o'r ddeunawfed ganrif eto (cyfrol dan olygyddiaeth Cass Meurig)).

Defnyddid 'Malldod Dolgellau' mewn carolau plygeiniol eu naws yn ogystal ag mewn caneuon tafarn yn ystod y ddeunawfed ganrif ar draws Cymru, ffaith a gofnodir yn 1738 gan Margaret Davies a chan nifer o gofnodwyr eraill.

Ond beth yw cefndir yr enw hwnnw tybed? Oes hanes tu ôl i'r malltod? Malltod yw 'blight' yn Saesneg, rhywbeth sy'n difwyno pethau eraill. Tybed a yw'n gysylltiedig â phroffwydoliaeth gynganeddol rhyw fardd amser maith yn ôl:

Dolgellau, dôl a gollir,
Daear a'i llwnc, Dŵr yn ei lle.

Nid oes rhaid ond ymweld â Dolgellau wedi glaw trwm, pan fo'r Wnion yn morio ar y Marian, i sylweddoli nad oedd y bardd hwnnw, pwy bynnag ydoedd, ymhell o'i le.

Yn y Stag yn Nolgellau mae hen le tân hyfryd a meinciau bychain bob ochr iddo, bron yn rhan o'r hen simdde. Yno, uwchben un o'r meinciau, roedd darn bach o hanes. Dim ond plac pren bychan, dim llawer mwy na bocs matsys, yn hongian, ac arno roedd llinell fechan yn cofnodi'r fan y cyrhaeddodd lli'r 'Dolgellau Flood' ym mhedwardegau'r ugeinfed ganrif. Nid oedd y plac bychan yn werth fawr o ddim, ond roedd yn bwysig.

Pan euthum i'r Stag yn ystod Pasg 2013, doedd dim sôn amdano.

Roedd y Dolgellau y'm magwyd ynddi yn llawn cymeriadau difyr, diddorol a digrif. Annoeth fyddai cofnodi dim amdanynt mewn llyfr fel hwn. Ni sylwais pan oeddwn yn laslanc fod cymaint o lasenwau i'w cael yno a chymaint o gymeriadau gwerth eu hadnabod. Bellach, wrth edrych yn ôl, sylweddolaf fod bron pawb yn arddel *nickname*, a'r glasenwau hynny yn fwy nag enwau lleoedd yn unig, er bod hynny'n hynod gyffredin.

Ar ei flog ar y we cyhoeddodd Alwyn ap Huw gerdd ar thema 'llysenwau pobl Dolgellau' a gyfansoddwyd ar gyfer cystadleuaeth eisteddfodol yn 1905. Mae'n siŵr bod llysenwau cyffelyb i'w cael ar draws Cymru, ond mae'n werth cyhoeddi hon eto yn fy nhyb i, gan ddiolch i Alwyn am ei ganiatâd i wneud hynny.

Wil y Wich a Tomi Neilar,
John bach Star a Bob Tŷ Pric,
Jack un law a Bili ddiog,
Beti Plannwydd a'r hen Nic.
Ifan Siân a hithau Shantan,
Beti Ffowc a Beti Sam
Guto Salt a Tom Basgedwr,
Dic Trawsfynydd a'i drwyn cam.

Owen Ych a hefyd Tango,
A John Blwyddyn yr hen lag,
Ike y Guide a Robin Ddaniel,
Yntau Gruffydd Jones y Stag,
Huwcyn Baco a Jac Stintab
Butterfly a Huw Iai Iai,
Nansi Wyllt a Guto Gosi,
John y Brws ar ben y tai.

Guto Ffets ac Owen Conwy
Roberts Dew a Humphrey Sign,
Guto S. ac Owen Tudur
Neli Black a Sara Fain,
Joni'r Sais a Joni'r Angel
Owen Punch a Wil Ce Ce,
Guto'r Bws a Jack Pen Llwdwn
Jumbo Fawr a'r hen Bob K.

Gagae Drot a Dafydd Dolur
A'r Marchogion, dau neu dri,
Ann Penbanc a Kitty Barbar
John Pugh Pipes a'r hen Soh Me.
Dic Owen Bach a Dafydd Potiau
Hefyd John Huws Dweud y Gwir,
A'r hen Robin Garthblyddyn
A John Clams a'r wyneb hir.

Barmans a Bob Maria
My Lord Clive a Bob yr Hall,
John Pot Mêl a Johnnie Pegws
Rhen Gwen Sgadan yn ei siôl
Griffith Owen Barbar dima
William Williams Burum Sych,
Jack Tŷ Lladd a Harri Tyrnor
A Tom Styllan, potsiar gwych.

Roli Gec a Griffith Neilar
Dic y Beili a Huw Scwnt,
Yr hen Harri Magnum Bonum
Clamp o Sais – un digon brwnt.
Wedyn dyna Bob Go Blime,
Pwdin Cwrens a Huw Scent,
'Rhen lost guide a Dafydd Pandy
A'r hen Glyff at hel y rhent.

Dick y Ddinas a Jack Hannah
Cadi Kings a Beti Llawr
Yr hen Lewis Patagonia
Evan Price ac Ifan Fawr.

195

Ellis Gas a Wil y Popty
Roli Neilar a Jim Goch,
Evan Becca a Twm Werin,
A'r hen Fills y blewia moch.

Dick y Kings a Dick Jones Bowler
Tom Diawl Bach a Robin Do,
Robin Mulp a Dafydd Cnwyllwr,
John Pugh Stumps fel dyn ar ffo.
Lewis Rhys y lleidr beiddgar,
Guto Daddy a Jim Ward,
Hefyd Robert Pugh Pen Mochyn
A'i ben moel fel swigen lard.

Owen dwt a'r hen Gwen Gabriel,
Betsan Storws a John Cap Coch,
Siân y Plans a Betty Sidney,
Catrin Lewis efo'r moch.
John Owen Bach a'i gelwydd golau
Antony, Kate a'r hen Fred Gill,
Mary Evans hefo'r Stondin
A'r hen Goldie *here still.*

Ac felly, yn ôl at sesiynau gwerin y Stag yn Nolgellau ac at record byd y sesiynau gwerin am y gân hiraf erioed. Ac uffar o gân ddiflas hefyd! Sesiwn werin yn y Stag yn Nolgellau oedd hi, a thua diwedd y noson a'r dafarn yn orlawn yn ei gwir ystyr, aeth pawb ati i ganu ac, fel y digwydd weithiau, daeth 'Cyfri'r Geifr' i'r fei. Does neb wir yn hoffi 'Cyfri'r Geifr', cân yfed yw hi erbyn hyn, neu gân i blant. Ond ymlaen yr âi'r gytgan ddwl, 'gafr sbots sbots sbots, ie finsbots finsbots finsbots...' ac yn y blaen. Roedd pawb yn y dafarn wedi cael llond bol ar y gân, ar wahân i un creadur oedd yn ei hwyliau â'i beint yn ei law.

Roedd fy nhad yno yn y sesiwn hon, a chan ei fod yntau yn wreiddiol o Ynys Môn roedd yn eiddgar i ddilyn fersiwn gwreiddiol 'Cyfri'r Geifr' gyda'r fersiwn gwahanol a genid ym Môn ('O! Beth yw'r achos fod garw flewyn mân ym mlaen barf gafr?' ac ati). Y drafferth iddo, ac i bawb, oedd fod yr 'O!' yr un peth ar ddechrau'r ddau fersiwn o'r gân. O'r herwydd, bob tro y deuai'r gân i ben a phawb yn y dafarn yn diolch i'r nefoedd am hynny, wedi eiliad o oedi byddai fy nhad yn dechrau ar yr 'O!' gan obeithio taro'r fersiwn Monwysaidd, ond byddai'r creadur arall yn meddwl ei fod am aildaro'r fersiwn gwreiddiol gyda lliw gwahanol yn y gytgan, felly byddai'n taro'r 'O!' gyda fy nhad ac yn arwain y gân unwaith yn rhagor i'r fersiwn gwreiddiol! Digwyddodd hynny nifer o weithiau – hynny yw, sawl gwaith ar ôl i bawb arall yn y dafarn roi'r gorau iddi!

Roedd llawer o eifr yn brefu yn y Stag y noson honno.

Harmonica

Y Dyn Meddw

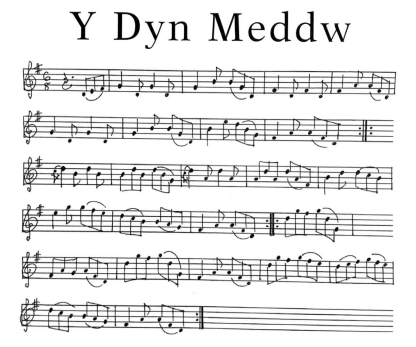

A phawb wedi teithio at gynhesrwydd tân agored y dafarn, braf yw cael dodi'r cistiau o amrywiol siapiau a meintiau ar y sil ffenest tu ôl i'r seddi i segura am sbel. Cerddodd ambell un o'u cartrefi cyfagos mewn dau funud tra bod ambell un arall wedi dod o bell, ond yr un yw'r croeso. Bachodd y cerddorion brwd y seddi o amgylch y grât gwynias ac atynt yr hwylia pawb i gynhesu a gosod eu stondin am weddill y noson. Mae awyrgylch clyd i'r dafarn hon, a'r nenfwd isel a'r trawstiau duon yn barod i glustfeinio ar gyfrinachau sesiwn arall. Clywsant rai cannoedd.

Llymeitian eu peint cyntaf y mae rhai, er bod ambell un sychedig eisoes yn llymeitian ei ail. Tawela'r sgwrsio yn araf bach. Aiff un o'r cerddorion ati i agor câs gan edrych ar yr offeryn bron yn syfrdan o weld ei fod yn dal yno, cyn ei edmygu'n hunanfoddhaol. Gafaela yn y ffidil a'i hanwesu fel anifail anwes yn ei gôl ac yna, rywsut rywfodd, llwydda i gadw'r ffidil yno dan ei gesail wrth rwbio'r ystor i wallt y bwa. Saif llwch yr ystor fel haenen denau o eira ar y bwrdd o'i flaen a gofynna rhywun am gael benthyg peth. Erbyn hyn mae nifer o'r cerddorion wedi dilyn yr esiampl a phob un yn amlwg yn ymhyfrydu yn ei gelficyn cerddorol ei hun. Ond ni ddaw'r gerddoriaeth am ennyd eto. Cyfnod o baratoi, cyfnod o hogi'r arfau yn unig yw hwn.

Ychwaneg o gwrw sydd ar feddwl ambell un, eraill yn cyfnewid mân straeon, tra bo rhai yn gwrando ar jôc y chwaraewr banjo. Daw ychydig o dawelwch i lonyddu'r noson. Aiff y gitarydd ati i diwnio. Taena'r chwaraewr *bodhran* gwrw ar y croen gafr er mwyn sicrhau'r lleithder cywir. Rhed bysedd y ffidlwr yn ôl a blaen ar hyd y tannau tra ei fod yn dal y ffidil ato fel gitâr ac yn gwrando ar y nodau'n plycio drwy'r awyr a'r amser yn araf, araf. Dyma gornel ddisymud, ddisgwylgar o'r bydysawd.

Drwy daro nodau wrth ystwytho'r bysedd a rowlio graddfeydd syml daw alaw i gynnig ei hun i'r cerddor. Cwyd y ffidil gan gydnabod y gainc drwy ddweud 'Ie!' wrtho'i hun a daw'r nodau'n fyw gyda'r bwa'n dechrau'i lifio. Alaw fach hyfryd i ddechrau. Gwylio a gwrando'n fud am ychydig wna'r criw, hyd nes i'r gitarydd droi ei law at gyfeilio gyda chordiau syml a chadarn. Erbyn i'r alaw gyrraedd pen ei thaith am y tro cyntaf ymuna mwy o gerddorion, gan ei harwain ar daith ychydig yn wahanol. Yr un alaw ydyw, ond arafwyd y tempo y mymryn lleiaf a byrhaodd y nodyn hir hwnnw cyn y nodyn byr a phigog hyd at hanner ei hyd, gan roi mwy o sigl a swae yn yr alaw. Ai dyma'r rheswm pam ei bod mor anodd cofnodi alawon gwerin ar bapur? Gan eu bod yn amrywio'n llythrennol o un pennill i'r nesaf? Yn wir, mae'r amrywiaethau hynny'n hanfodol.

Erbyn y trydydd tro mae'r gerddoriaeth yn llifo a'r awyrgylch yn y dafarn wedi newid yn llwyr. Mae'r rhai sydd wrth y bar yn sgwrsio eto a'r gerddoriaeth yn islais neu'n oslef ar gyfer gweddill y noson. Eistedda rhyw ddau neu dri yn gwrando'n astud ac yn mwynhau'r sioe am y munudau cyntaf, a'r weinyddes tu ôl i'r bar yn un ohonynt yn mwynhau'r seiniau, ond hefyd yn cael hwyl drwy wylio ystumiau'r cerddorion wrth ganu eu hofferynnau.

Wrth i'r alaw gyntaf ymylu at ei therfyn fe bwysa'r ffidlwr yn ei flaen gan bwyntio'i ysgwydd tuag at y llawr a'i ffidil i fyny tuag at y nenfwd ac mae pawb yn tawelu eu hofferynnau rhyw ychydig i glywed pa alaw y bydd y llyw hwn yn ei tharo nesaf. Yn hollol hyderus dilyna'r gitarydd wrth i'r ffidlwr arwain o'r gyntaf ymlaen at yr ail, 'Y Dyn Meddw'. O fewn chwinciad mae'r cyfan o'r criw wedi dilyn y ffidlwr a bellach mae chwibanau, banjo, mandolin ac acordion yn cydsymud gyda'r ffidlwyr a'r cyfan yn rhoi cyfle i'r cerddorion fwynhau'r ennyd a phob oriawr a chloc wedi eu hatal yn eu meddyliau.

Nid oes meddwl tu ôl i'r nodau nac ystyried cyweiriau nac amseriad cerddorol, dim ond greddf cerddorion a'r ysfa i deimlo a phrofi'r eiliadau hynny pan fo'r gerddoriaeth yn hedfan. Ddaw hynny ddim am dipyn eto, ond gŵyr pawb y daw heno. Erbyn diwedd yr ail alaw mae'r rhan fwyaf sy'n bresennol yn gallu dyfalu pa dôn fydd yn dilyn a does dim angen unrhyw arweiniad amlwg – carlama'r cyfan ymlaen yn ddi-dor. Ond does dim angen setiau hir ar ddechrau sesiwn, rhyw dair alaw a chanu pob un dair gwaith yw'r drefn arferol er mwyn cael hoe i gymryd dracht ychwanegol o'r cwrw melyn bach. Er mwyn dangos bod angen arafu'r frawddeg gerddorol olaf at glo'r alaw gwna'r ffidlwr siâp cylchoedd bychan gyda'i ffidil ac amneidio at y criw. Daw'r cyfan i ben yn drefnus ddigon a rhoddir yr offerynnau i lawr ar arffedau er mwyn cael gwlychu pig unwaith yn rhagor.

Rhy'r prif ffidlwr ei ffidil i lawr i orffwys ar ei hymyl ar y llawr wrth ei sedd. Yno mae olion tyllog yn dystiolaeth o flynyddoedd o chwarae dartiau yn yr un gornel o'r dafarn fechan hon. Dyry'r bwa i gydbwyso'n ansicr ar ymyl y ffidil. Cwyd sgwrs eto ymhlith y criw am rai munudau cyn i'r alaw nesaf gynnig ei hun i rywun sydd wedi diflasu ac yn ceisio nodau'n ddi-hid. A phan ddaw hon, dringa'r safon rhyw ychydig, fel petai'r holl sesiwn ar drywydd yr uchelfannau sydd ddim ond ar gael wedi dau neu dri pheint ac awr a mwy o chwarae da.

Amrywia'r gerddoriaeth o bolcas, pibddawnsiau, riliau a jigiau gwyllt, caneuon pop a chaneuon yfed hwyliog, gwirion i ganu baledi gwerin, caneuon o dristwch ac alawon hyfryd sy'n tawelu'r dafarn i fyd y felan hiraethus yr ydym

fel Cymry mor hoff ohoni. Ond nid yw pob alaw o'r oes a fu a chenir 'Lliw'r Machlud', cyfansoddiad cyfoes gan Hefin Jones, Trawsfynydd, i godi'r tempo. Noson o amrywiaeth gwirioneddol. Ceir ymgais aflwyddiannus ar ddawns y glocsen ac yna, rhwng alaw a chân, mae rhywun yn adrodd englyn i'r holl dafarn.

Wedi awr neu ddwy codaf i fynd i'r tŷ bach a chamu'n ofalus heibio i ffidlau a thelyn, cistiau offerynnau a byrddau'n dal cwrw. Camp hollbwysig yw peidio taro yn erbyn rhywun sydd ar ganol chwarae hefyd! Wedi llwyddo i gyrraedd drws cefn y bar yn ddiogel a cherdded drwyddo, pery'r alawon i ffrydio allan at oerfel y lle chwech, a'r cyfan yn rhoi rhyw naws arallfydol. Cawn sefyll yno, mi a chyd-deithiwr ar y noson arbennig hon, heb orfod creu mân sgwrs gan fod y ffidlau'n hedfan erbyn hyn. 'Miwsig yn boeth yma heno,' meddai fy nghydymaith ar ôl ychydig. Edrychaf tua'r to a mwynhau effaith y cwrw yn gymysg â'r gerddoriaeth ymhell yn y cefndir. Gwenaf ar y cyfaill, sydd erbyn hyn yn camu allan ac yn ôl i'r dafarn, ac af i'w ddilyn yn ôl at y bar. Ond arhosaf yn y coridor rhwng y tŷ bach a'r bar am eiliad i wrando o bell, gan ganfod fy hun yn teimlo fel petawn yn arnofio'n llawen ar donnau'r nodau anfarwol.

O'r diwedd, dyma gamu yn ôl i'r sesiwn a chymryd fy lle gyda'r fandolin. 'Oes gen ti gân i ni?' gofynna rhywun ac wedi eiliad o feddwl dyma ddechrau,

Ambell i gân a geidw fy mron
Rhag suddo i lawr dan aml i don,
Mae'r awen mor swynol, mor loyw, mor lân,
  Diolchaf o galon am ambell i gân.

Ambell i gân dry dwyllwch y nos
Mor olau â'r wawr, cyn laned â'r rhos,
Caddugol anobaith gymylau – fel gwlân
  Y troant os gallaf i ambell i gân.

Ambell i gân rydd nerth yn y fraich
A'r ysgwydd i gario aml i faich,
A grym anawsterau falurir yn lân
Os gallaf gael canu ambell i gân.

Ambell i gân a geir yn y byd,
Ond chwiliaf am wlad sydd yn ganu i gyd,
Pan elo y bydoedd yn olwyn o dân
Gobeithiaf gael canu, nid ambell i gân.

Mae llwyddo cyrraedd diwedd y gân heb anghofio'r un gair mewn tafarn dawel yn wyrth ynddi'i hun, a diolchaf am ambell i gân, yr hen fawlgan o Drawsfynydd!

Yng nghanol y noson daw'r eiliad felys pan ddaw'r cyfan i'w le ac fe weithia popeth yn berffaith, y bysedd yn ystwyth a llithrig heb i'r cwrw amharu ar eu medrusrwydd, y gerddoriaeth yn hedfan a'r canu'n hwyliog a chynganeddol seingar. Mae pawb mewn hwyliau da ac nid cerddoriaeth

Ffidil a ffliwt

draddodiadol ydyw ond cerddoriaeth heddiw, ein cerddoriaeth ni'r Cymry, cerddoriaeth gyfoes y Gymru fodern, ein hetifeddiaeth, ein treftadaeth a'n genedigaeth-fraint fydd yn hwyliog eto yfory.

Lai na hanner awr yn ddiweddarach, erbyn taro 'Ymdaith Gwŷr Wrecsam', mae'r bysedd wedi arafu a'r cyfan yn ormod i'r wibddawns hyfryd honno. Aiff yr hwyl yn ei blaen am oriau, wrth gwrs. Bydd rhai'n troi am adref ond aros wna'r mwyafrif i symud gyda'r gerddoriaeth tuag at ddiwedd y sesiwn ddiamser hon.

Sesiwn yn Nhŷ Tawe, Abertawe

I mi preswylfod nodau – yw y glust,
    Nid ar glawr deil swynau
  A'u gwefr wedi eu hamgáu…
  Afrwydd eu gweld mewn llyfrau.

Hefyd gan yr awdur:

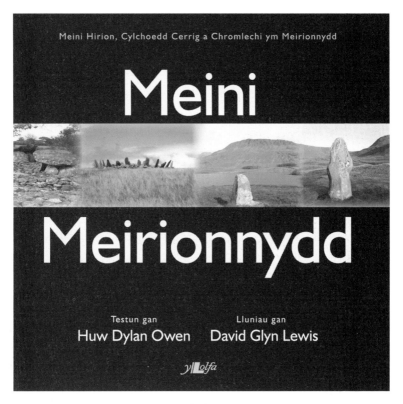

£9.95

£5.95

Am restr gyflawn o lyfrau'r Lolfa, mynnwch
gopi am ddim o'n catalog
neu hwyliwch i mewn i'n gwefan

www.ylolfa.com

lle gallwch archebu llyfrau ar-lein.

TALYBONT CEREDIGION CYMRU SY24 5HE
ebost ylolfa@ylolfa.com
gwefan www.ylolfa.com
ffôn 01970 832 304
ffacs 832 782